# JOURNALISMO

## VOCABULAIRE & EXERCICES

**Tous les mots qu'il vous faut pour lire aisément un journal espagnol ou latino-américain**

A. GUILLDOU et I. PONS

Bréal

1, rue de Rome – 93561 Rosny Cedex

Dépôt légal : juin 1999
ISBN : 2 84291 419 8

# AVANT-PROPOS

Conçu selon le même principe que *JOURNAL-ease*, ***JOURNAL-ísimo*** propose au lecteur d'acquérir en 26 semaines, à raison de 50 mots par semaine, le vocabulaire qui facilitera l'assimilation d'un journal espagnol ou latino-américain.

L'espagnol n'emploie pas à proprement parler de termes journalistiques. Il s'agira donc avant tout du vocabulaire de la vie économique, sociale et politique. ***JOURNAL-ísimo*** offre non seulement les multiples définitions d'un mot, utilisées dans des exemples dont la plupart sont extraits de journaux, mais aussi son synonyme et (ou) antonyme, lorsqu'ils existent.

Le choix des mots de ***JOURNAL-ísimo*** a été établi d'après la fréquence de leur emploi dans les articles de presse. Nous avons volontairement omis nombre de mots espagnols qui sont compréhensibles à la première lecture, e.g. « economía, siderurgia ». Rappelons à cet égard que les mots français commençant par « sc..., sp..., st... » se traduisent le plus souvent par des mots commeçant par « esc..., esp..., est... », e.g. stratégie devient « estrategia », spécimen devient « espécimen », standard devient « estándar ».

À l'inverse de notre langue, l'espagnol n'assimile que rarement in-extenso les mots d'origine étrangère ; il en modifie fréquemment l'orthographe. Le lecteur trouvera une liste de ces hispanismes en fin d'ouvrage.

Dans cette même partie, « ANNEXES », nous proposons au lecteur des rappels géographiques liés à l'Espagne et à l'Amérique latine, ainsi que des américanismes.

Le contenu de ***JOURNAL-ísimo*** peut être assimilé en 26 semaines ou à un rythme plus adapté à chacun. Pour le lecteur plus avancé ou pressé, les 500 mots indispensables sont signalés par un astérisque.

***JOURNAL-ísimo*** est l'outil idéal pour appréhender en profondeur la presse de langue espagnole, se préparer à des concours et soutenir une conversation sur les sujets abordés.

**Remerciements**

Nous tenons à remercier tout particulièrement Madame Judith Andreyev de nous avoir permis de réaliser une version espagnole de son livre *JOURNAL-ease*, dont la précision du plan et la méthodologie nous ont facilité la tâche.

Nous la remercions également d'avoir pris connaissance de nos ébauches et de nous avoir aidés de ses conseils.

**Ouvrages consultés**

Dictionnaire moderne Larousse Collection Saturne
Diccionario de la Real Academia
Diccionario del uso del español. MARÍA MOLINER
Diccionario Planeta de la lengua española usual
Diccionario Manual de Sinónimos y Antónimos Vox

**Abréviations**

| | |
|---|---|
| *fam.* | familier |
| *fig.* | sens figuré |
| *pr.* | sens propre |
| ➤FA | faux ami |

Nous avons spécifié le genre du mot espagnol uniquement dans le cas où sa terminaison est trompeuse, e.g. « un sistema ».

Les extraits cités proviennent de : *El País, Diario 16, Cambio 16, La Vanguardia, A.B.C., La Voz de Galicia, El Periódico de Catalunya, Diario de Navarra, Epoca, Expansión, Cinco Diás, Ya, La Nación, Clarín.*

# A

1 ◎ **ABAJO** ***(ant. viva)***
à bas (dans une manifestation). Una manifestación en la que se gritó «¡Abajo el tirano!»

**ABANICO**
éventail, panoplie. **El abanico de precios** l'éventail des prix. La distribución del crédito al sector privado según las regiones ofrece un abanico de diferencias que no es distinto del de la distribución de la renta.

**ABARATAR** ***(syn. bajar, reducir; ant. encarecer, aumentar)***
rendre moins cher, baisser les prix, abaisser. **Abaratar los costes** baisser les coûts. El ministro dice que hay que abaratar el despido. **Barato** bon marché *(ant. caro)*. **Abaratamiento** baisse, diminution du prix, du coût *(syn. baja, disminución)*. **El abaratamiento de la vida** baisse du coût de la vie. **Abaratado** dont le prix a baissé.

**ABARCAR**
1) comprendre, contenir, renfermer *(syn. englobar, comprender ; ant. excluir)*. El nivel intermediario abarca el último año de la escuela primaria y los dos primeros años de la secundaria. 2) s'occuper à la fois de *(syn. encargarse al mismo tiempo de)*. **Abarcar varias tareas**.

**ABARROTAR**
1) bonder, surcharger *(syn. llenar, atiborrar; ant. desocupar)*. **Un autobús abarrotado** un bus bondé. 2) emplir, remplir *(syn. llenar; ant. vaciar)*. El concertista de Lorca consiguió abarrotar de público la iglesia del castillo de Peralda.

◎ **ABASTECER** ***(syn. suministrar, proveer)***
fournir, ravitailler, approvisionner. Esta empresa construirá un gran depósito de 70 000 metros cúbicos que servirá para abastecer de agua a Barcelona. **Abastecer de víveres** ravitailler en vivres. **Abastecedor** fournisseur. **Abastecimiento** approvisionnement, ravitaillement. Los mercados centrales de abastecimiento señalan el descenso de la actividad comercial. **Tienda bien abastecida** magasin bien achalandé.

◎ **ABOGAR** ***(por)***
1) plaider pour, défendre *(syn. defender)*. Maravall aboga por la reducción de la intermediación bancaria. 2) lutter pour *(syn. luchar)*. Se está abogando por el logro de unas buenas relaciones entre España, Marruecos y Argelia. **Abogado** avocat *(syn. defensor)*, mediateur *(syn. mediador)*. **Hacerse el abogado de** se faire le défenseur de, plaider pour.

◎ **ABONAR**
verser, payer. Un hombre fue condenado a abonar 40000 pesetas mensuales a una mujer para mantener a la hija extramatrimonial tenida con ella. **Abonar sus deudas** régler ses dettes. **Abonar en cuenta de** verser au compte de. **Abonaré** bon, billet à ordre, avis de crédit *(syn. pagaré)*. **Abono** paiement *(syn. pago)*, abonnement. **Abonamiento** caution, garantie *(syn. fianza)*, amélioration *(syn. mejora)*, crédit, payement *(syn. pago)*.

## ABORTO

avortement. **Abortar** avorter. Las feministas señalan las restricciones que aún subsisten sobre el derecho de la mujer a abortar. **Madre soltera** fille mère. **Maternidad** maternité *(état)*. **Casa de maternidad** maternité *(hôpital)*.

## ◎ ABRIR *(ant. cerrar)*

1) ouvrir. En 1972 abrieron 40 sucursales en el mundo. **Abrir una cuenta** ouvrir un compte. **Abrir brechas** ouvrir des brèches. Con el fin de abrir brechas en el mercado norteamericano, el Hispano abrirá una oficina de representación en Los Angeles. 2) se frayer. **Abrirse camino** se frayer un chemin. **Abrir la mano** se montrer plus souple. **A medio abrir** entrouvert. **En un abrir y cerrar de ojos** en un clin d'œil.

## ABSOLUTO *(en) (syn. en ninguna manera)*

pas du tout. «No va a ser en absoluto una operación de maquillaje» señala el policía.

## ABULTADO

1) volumineux, gros. *(syn. voluminoso, gordo)*. Un paquete abultado. 2) exagéré, gros, important *(syn. importante, exagerado)*. En Buenos Aires se registraron las diferencias más abultadas de toda la provincia en cuanto al paro.

## ACALLAR

1) faire taire. **Acallar malos instintos** faire taire de mauvais instincts. 2) ne pas faire de commentaires. Se recomienda a los medios de comunicación acallar sus comentarios y críticas acerca de este problema. **Callarse** se taire.

## ◎ ACARREAR ▶

1) entraîner, occasionner *(syn. provocar, ocasionar)*. Su readaptación a un medio distinto acarrearía situaciones de conflicto psíquicos mal tolerados. 2) transporter, acheminer *(syn. llevar, transportar)*. **El acarreo** le transport, le prix de transport. **Acarreador** qui transporte. **Acarreadizo** transportable.

## ACCIONISTA

actionnaire. **El accionado** les actionnaires. **Acción** 1) action, geste *(syn. acto)*. 2) attitude *(syn. postura)*. **Una línea de acción**. 3) action, affaire.

## ◎ ACERCAMIENTO *(ant. alejamiento)*

rapprochement. Esta visita se debía a un deseo de acercamiento de China. **Acercar** approcher, rapprocher *(ant. alejar)*. **Acercarse a** 1) s'approcher de. 2) rejoindre. **Acercarse a una idea** rejoindre une idée.

## ACERVO *(syn. patrimonio)*

patrimoine. **Acervo cultural, espiritual** patrimoine culturel, spirituel. La adaptación del monopolio no viene condicionado sólo por una sumisión de principio al acervo comunitario.

◎ **ACOGER**

1) accueillir, recevoir *(syn. recibir)*. **Acoger amigos** accueillir des amis. Canarias gusta de acoger a los deportistas. 2) secourir, protéger *(syn. socorrer, proteger)*. Acogió al chico que se estaba ahogando. **Acogida** accueil, retraite, refuge *(syn. refugio)*, acceptation *(syn. aprobación)*. Sus iniciativas no tienen bastante acogida en la prensa independiente. **Acogerse** 1) se réfugier 2) recourir à, faire valoir. **Acogerse a una ley** invoquer une loi. **Acogerse a uno** recourir à l'aide de quelqu'un *(syn. pedir auxilio)*, à la protection de quelqu'un *(syn. pedir protección)*. **Acogedor** accueillant. Un barrio tranquilo y acogedor.

**ACOMETER** ***(syn. iniciar, emprender)***

entreprendre. Es un proyecto que nació con el propósito de conseguir prestigio y formación para acometer proyectos bilaterales. **Acometer una tarea** entreprendre une tâche. **Acometer obras** entreprendre des travaux.

◎ **ACONTECER** ***(syn. ocurrir, suceder)***

arriver, survenir. Aconteció lo que tenía que acontecer. **El acontecer** le déroulement des événements. El periódico «Análisis» ha conseguido una influencia notable dentro del acontecer político chileno. **Acontecimiento** événement *(syn. hecho, suceso)*. El acontecimiento fue acogido con frialdad. **Acontecedero** éventuel, possible *(syn. posible)*.

◎ **ACORDAR**

1) se mettre d'accord pour, être convenu de. La audiencia nacional ha acordado no alterar la situación existente. 2) décider de *(syn. decidir)*, se mettre d'accord sur *(syn. ponerse de acuerdo sobre)*. Acordaron el precio de venta. **Un acuerdo** un accord *(syn. pacto, convenio)*. **Un acuerdo** suscrito un accord passé. **De acuerdo con** selon. **Acordarse** 1) se souvenir, se rappeler *(ant. olvidar)*. No me acuerdo de su dirección. 2) penser à. ➤ FA accorder **concéder, otorgar, consentir**.

**ACORRALADO**

Traqué, aux abois, acculé. Al verse acorralado por la policía saltó por la ventana.

**ACORTAR**

1) raccourcir, écourter *(syn. reducir)*. Han decidido acortar las vacaciones de invierno. 2) diminuer *(syn. disminuir)*. **Acortar el abastecimiento** diminuer le ravitaillement. 3) abréger. Acortar un discurso. **Acortarse** être à court d'idées, diminuer, raccourcir. **Acortamiento** raccourcissement.

◎ **ACOSAR**

harceler, poursuivre. **Acosar a un deudor** harceler un débiteur. **El acoso sexual** le harcèlement sexuel. **Acosar con preguntas** assaillir de questions.

◎ **ACREEDOR** ***(ant. deudor)***

créditeur, créancier. Los países acreedores deberán asumir la deuda externa latinoamericana y la del tercer mundo. **Hacerse acreedor a** mériter, être digne de *(syn. merecer)*. **Acreencia** crédit, créance.

**ACRIBILLADO**

criblé. **Acribillado a balazos** criblé de balles. El empresario colombiano murió ayer acribillado a balazos. **Estar acribillado de deudas** être criblé de dettes.

**ACTO**

1) acte, action. **Acto de fe** acte de foi. **Una obra en tres actos** une œuvre en trois actes. 2) séance. **Acto inaugural** séance inaugurale. 3) manifestation, cérémonie *(syn. ceremonia).* El presidente no pudo presenciar el acto. **Injurias y actos de violencia** injures et actes de violence. **En el acto** sur le champ *(syn. en seguida).* **En el acto seguido** tout de suite après.

◎ **ACTUAR**

1) agir *(syn. proceder).* **Actuó muy mal** il a très mal agit. 2) jouer (théâtre). Actuará en el teatro municipal. **Actuar de** jouer le rôle de *(syn. desempeñar el papel de).* **Actuación** façon d'agir, conduite, comportement.

**ACUCIAR**

1) harceler. Los periodistas le acuciaron con preguntas indiscretas. 2) presser, hâter, convoiter. Se están dando los últimos retoques para poner a punto un sector acuciado por una larga crisis. **Acuciamiento** stimulation *(syn. estímulo),* convoitise *(syn. deseo, anhelo).* **Acuciador** pressant, avide *(syn. ávido).* **Acucia** diligence, empressement, convoitise. **Acuciante** pressant, urgent *(syn. apremiante).* Una necesidad acuciante. No sabemos cómo ayudar al país a resolver su acuciante crisis de liquidaje.

**ACUDIR**

1) aller, se présenter *(syn. ir, presentarse).* No acudió a la cita. Cada domingo acuden a misa nueve millones de Españoles. 2) venir, arriver *(syn. venir, llegar).* Los bomberos acudieron en seguida. **Acudir a la huida** prendre la fuite *(syn. huir).* **Acudir al pensamiento** venir à l'esprit *(syn. ocurrírsele a uno).* **Acudir en ayuda de** venir en aide à *(syn. socorrer).*

**ACUÑADO**

tout fait. **Expresión acuñada** expression toute faite. **Acuñar** frapper la monnaie. **Acuñador** monnayeur.

◎ **ADECUACIÓN**

adéquation, conformité *(syn. conformidad),* adaptation, ajustement *(syn. arreglo),* aménagement. Van a llevar a cabo el proyecto de adecuación de la industria. **Adecuado** adéquat, approprié *(syn. apropiado, conveniente).*

◎ **ADELANTOS *(syn. progresos)***

progrès. Los adelantos de la medecina. Los sistemas educativos, económicos y sociales se adaptarán totalmente a los adelantos tecnológicos dentro de diez años. **Adelantar** avancer, progresser *(syn. mejorar, progresar),* dépasser *(syn. aventajar, rebasar),* laisser en arrière *(syn. dejar atrás).*

**ADINERADO *(syn. rico ; ant. pobre, miserable)***

riche, fortuné. La expedición del hallazgo de los restos delTitanic fue un «divertimiento» de extravagantes adinerados. **Dinero** argent. **Adinerarse** s'enrichir *(syn. enriquecerse ; ant. empobrecerse).*

**ADJUDICARSE *(syn. apropiarse)***

s'adjuger. Brasil se adjudicó el título de campeón mundial. **Adjudicación** adjudication. **Adjudicador** adjudicateur.

**ADOCTRINADOR**

riche d'enseignements. Para mí fue una experiencia adoctrinadora. **Adoctrinamiento** endoctrinement. **Adoctrinar** endoctriner, enseigner *(syn. educar, instruir).*

◎ **ADOLECER DE** ***(syn. padecer de)***

souffrir de. El transporte urbano de la Habana adolece de carencias.

◎ **ADUANA**

douane. **Aduana interior** taxe intérieure. **Aduanar** dédouaner, payer des droits de douane pour. **Aduanero** douanier.

**ADVERTENCIA**

mise en garde, avertissement. **Hacer una advertencia** faire une remarque, donner un avertissement. **Advertencia cominatoria** sommation.

◎ **ADVERTIR**

1) remarquer, observer, constater *(syn. observar, notar).* 2) signaler, prévenir *(syn. avisar, señalar).* Le advirtió que se trataba de un trabajo peligroso. 3) comprendre, réaliser *(syn. caer en la cuenta).* Al llegar a la dirección indicada, advirtió que había caído en una trampa.

**AÉREO**

aérien. Las compañías aéreas norteamericanas se cuentan entre las más escrupulosas del mundo. **Aeronáutica** aéronautique. **Aeropuerto** aéroport. **Aerotransportado** aéroporté.

**AFÁN** ***(syn. anhelo, ansia ; ant. apatía)***

soif de, empressement, désir ardent. **Afán de éxito** soif de succès. Sin duda el afán de protagonismo tuvo mucho que ver en su decisión. **El afán de lucro** l'appât du gain. **Poner su afán en** porter ses efforts sur. **Afanadamente** avec ardeur, avidement. **Afanador** travailleur *(syn. trabajador)*, qui se donne de la peine. **Afanar** travailler beaucoup, se donner de la peine *(syn. poner empeño)*, tourmenter, ennuyer *(syn. molestar).*

◎ **AFIANZAR**

1) cautionner, garantir *(syn. garantizar).* 2) renforcer, consolider *(syn. reforzar, consolidar ; ant. debilitar).* **Afianzar un régimen** consolider un régime. 3) appuyer, soutenir *(syn. apoyar).* **Hacerse fiador de uno** se porter garant de quelqu'un.

◎ **AFICIONADO (A)**

passionné, amateur de. En California el windsurf constituía el mayor boom entre los aficionados a la náutica. **Aficionado al fútbol** passionné de football **Aficionar** attacher à, faire aimer. Mi padre me aficionó a la música clásica. **Afición** goût, penchant *(ant. desinterés).* **Tener afición a** avoir du goût pour, aimer, raffoler, être amateur de.

◎ **AFUERAS** ***(las)***

la lisière, la proche banlieue, les environs. Vive en las afueras de Madrid.

**AGARRAR**

1) attraper, saisir, accrocher *(syn. coger; ant. soltar, dejar)*. Me agarró por el brazo y no quiso ya soltarme. **Agarrar una enfermedad** contracter une maladie. 2) décrocher, obtenir *(syn. conseguir, obtener)*. **Agarrar un buen puesto** décrocher un bon emploi. 3) gagner *(syn. ganar)*. Agarró dos medallas en los Juegos Olímpicos. **Agarrarse** s'accrocher, se cramponner. **Agarrarse a un clavo ardiendo** saisir n'importe quelle planche de salut. **Agarrarse a un pelo** saisir le moindre prétexte.

◎ **AGOTAR**

épuiser *(syn. agobiar)*, tarir *(syn. vaciar)*. Los críticos han agotado ya el repertorio de adjetivos para definir la voz de la cantante Jessye Norman. **Agotador** épuisant. Una agotadora campaña electoral de ocho meses. **Agotamiento** épuisement *(syn. agobio, cansancio)*.

**AGRAVANTE**

aggravant. **Las circunstancias agravantes** les circonstances aggravantes. **Agravar** aggraver *(syn. hacer más grave)*, alourdir, augmenter *(syn. aumentar)*. **Agravar los impuestos** augmenter les impôts.

**AGREDIDO *(syn. atacado)***

agressé. Las reglas de combate de las fuerzas navales de EE.UU obligan a atacar antes de ser agredidos. **Agredir** agresser *(syn. atacar, golpear)*.

**AGREGADO**

attaché. **Agregado comercial, cultural, militar** attaché commercial, culturel, militaire.

◎ **AGROPECUARIO *(syn. agrícola)***

agricole. **Productos agropecuarios** produits agricoles. El excedente de divisas fue generado por el fuerte aumento de las exportaciones agropecuarias. **Ingeniero agropecuario** vétérinaire.

◎ **AGUANTAR**

1) supporter, souffrir quelqu'un *(syn. soportar)*. Ya no aguanto a mi marido. 2) tolérer *(syn. tolerar)*. No volveré a aguantar este tipo de situación. 3) attendre, patienter *(syn. esperar)*. Aguantó dos horas.

**AGUAR *(syn. estropear)* ▶**

gâcher, gâter. **Aguar una fiesta** gâcher une fête. **Aguafiestas** trouble fêtes. **Aguarse** être inondé (maison), se gâcher.

**AGUARDAR *(syn. esperar)***

attendre. **Aguardar a alguien** attendre quelqu'un. Me aguarda mucho trabajo.

◎ **AGUDIZARSE**

1) s'aggraver *(syn. empeorar ; ant. mejorar)*. La situación se ha agudizado. 2) s'intensifier *(syn. intensificarse)*, s'accentuer. Se agudiza cada vez más la concentración mundial del mercado. **Agudizamiento** aggravation *(syn. empeoramiento, deterioro)*, intensification *(syn. intensificación)*. **Agudo** fin, subtil, aigu, mordant.

**AHÍNCO *(syn. empeño, fervor, insistencia; ant. desgana)***

1) acharnement. Trabajar con ahínco. 2) véhémence. Aquel barrio pertenecía a un empresario que apoyaba al diputado con ahínco. **Ahincar** prier avec insistance. **Ahincarse** se dépêcher, se presser *(syn. darse prisa)*.

◎ **AHORRAR** ***(syn. economizar; ant. gastar, despilfarrar, derrochar)***

économiser, épargner, mettre de côté. Durante la fiesta de San Firmín, los habitantes se gastan todo lo que han ahorrado durante el año. **Ahorrar unos cuartos** mettre quelques sous de côté. **Ahorrar sus fuerzas** économiser ses forces. **Ahorro** économie, épargne. **Caja de ahorros** Caisse d'Epargne.

**AISLADO**

isolé, mis à l'écart, à part *(syn. apartado)*. No se trata de un proyecto aislado como lo garantiza el gobierno. **Vivir aislado** vivre isolé. **Aislamiento** isolement. **Aislacionismo** isolationnisme. Para algunos Norteamericanos el aislacionismo es la libertad. **Aislar** isoler, mettre à l'écart *(syn. apartar)*.

**AJETREADO**

1) occupé, affairé *(syn. ocupado)*. **Una persona muy ajetreada** une personne très occupée. 2) mouvementé *(syn. animado; ant. tranquilo)*. **Una vida ajetreada** une vie mouvementée. La actriz no quiere ser conocida sólo por las movidas nocturnas ajetreadas. **Ajetreo** déploiement d'activité, affairement, agitation, animation *(syn. animación)*. La cantante llegó a Palma para descansar del ajetreo de las galas.

**AJUSTAR**

1) ajuster, adapter *(syn. adaptar)*, harmoniser *(syn. armonizar)*. La empresa ajustó su producción y pidió importantes sacrificios a sus empleados. 2) aménager. **Ajustar un horario** aménager un horaire. 3) donner, assener *(syn. dar)*. **Ajustar un puñetazo** donner un coup de poing. **Ajustar las cuentas** faire les comptes. **Ajustar las cuentas a uno** régler son compte à quelqu'un. **Ajustar su conducta a** modeler, régler, aligner sa conduite sur.

**AJUSTE**

1) ajustement, réglage, accord *(syn. acuerdo)*, arrangement. Sometida al ajuste estacional, la cifra revela una disminución del número de parados de 58 mil personas. 2) règlement. **Ajuste de cuentas** règlement de comptes. Los miembros del partido están más preocupados por los ajustes de cuentas que por la formación de una amplia base social. **Ajuste de plantillas** diminution des effectifs.

**AJUSTICIADO** ***(syn. víctima)***

victime. Le dispararon y se cayó con la inercia del ajusticiado. **Ajusticiamiento** exécution. **Ajusticiar** exécuter *(syn. ejecutar)*.

**ALAMBRE**

fil de fer, fil métallique. **Alambre de púas** fil de fer barbelé. **Alambrar** clôturer avec des fils de fer. **La alambrada** nom souvent donné à la frontière mexicano-américaine. **Saltar el alambrado** franchir, sauter le pas.

**ALARDEAR(SE) DE** ***(syn. hacer alarde de, jactarse, vanagloriarse)***

se vanter, se croire. Alardea de sus buenos resultados. **Alardeo, alarde** étalage, parade *(syn. jactancia)*. Tal alardeo de riqueza no es admisible.

◎ **ALBEDRÍO**

1) arbitre *(syn. arbitrio)*. **Libre albedrío** libre arbitre. 2) guise, fantaisie, caprice. **Actuar a su albedrío** agir à sa guise.

### ◎ ALCALDE

maire. El Alcalde de Barcelona. **Alcalde mayor** juge de paix. **Ayuntamiento** mairie *(syn. alcaldía)*. El boom turístico hace sentir impotente al ayuntamiento porque es una invasión casi incontrolada.

### ◎ ALCANCE

1) portée. Es necesario que estas técnicas estén al alcance de todos. **Fuera de alcance** hors d'atteinte. **Al alcance de la mano** à la portée de la main. 2) talent, capacité *(syn. talento)*. Un artista de mucho alcance. 3) importance *(syn. importancia)*. Tenemos que comunicarles una noticia de gran alcance. 4) nouvelle de dernière heure.

### ◎ ALCANZAR

1) atteindre. El pico de Aneto alcanza más de 3000 metros. **Alcanzar un objetivo** atteindre un but. **Alcanzar precios récord** atteindre des prix record. 2) saisir, comprendre *(syn. entender)*. No alcanzo la significación del mensaje. 3) avoir vécu, connaître. Yo alcancé la guerra civil de España. 4) toucher, couvrir, affecter, concerner. Una ley que alcanza a los emigrados. 5) obtenir *(syn. conseguir, obtener)*. No ha alcanzado lo que quería. 6) remporter *(syn. tener, obtener)*. Su primera obra alcanzó un gran éxito. 7) parvenir à, arriver à, réussir à *(syn. lograr, conseguir)*. Alcanzó a hacer algo muy difícil. 8) suffire, être suffisant *(syn. ser suficiente)*. **La bebida no alcanza para todos** il n'y a pas assez de boisson pour tout le monde.

### ALECCIONADOR *(syn. adoctrinador)*

riche d'enseignements, exemplaire, instructif. **Un castigo aleccionador** un châtiment exemplaire. **Un programa aleccionador** une émission instructive. **Aleccionar** *(syn. instruir)* enseigner, instruire, faire la leçon. **Estar aleccionado** avoir compris.

### ALICIENTE

1) attrait, intérêt *(syn. interés)*. Esta película no presenta ningún aliciente. 2) stimulant *(syn. estímulo, incentivo)*. La presencia de las infantas fue un aliciente para la organización de la fiesta del Rocío.

### ALIMÓN (AL)

à deux. **Hacer algo al alimón** faire quelque chose à deux. **Hacer un trabajo al alimón** se partager le travail. Federico García Lorca y Pablo Neruda hicieron un discurso al alimón.

### ◎ ALINEACIÓN

1) alignement. **Política de non alineación** politique de non-alignement. 2) formation (sport). La alineación de un equipo de fútbol. **Alineado** aligné. Un país non alineado. **Alineamiento** alignement. **Alinear** aligner. ➤ FA aliénation **alienación.**

### ◎ ALIVIAR

1) soulager, calmer *(syn. calmar)*, alléger. Los indígenas del altiplano dicen que los huesos molidos de condor alivian el reumatismo. 2) presser, hâter *(syn. apresurar)*. **Aliviar el paso** presser le pas. 3) réduire *(syn. reducir)*. **Aliviar el déficit** réduire le déficit. **Alivio** allègement, soulagement, réconfort.

### ALMACENAR

1) entreposer, stocker. Las alcachofas se arrancan antes de su maduración para almacenarlas. 2) emmagasiner, accumuler *(syn. acumular)*. Almacenar recuerdos.

**Almacén** grand magasin, entrepôt. TOTAL quiere instalar en Valencia un depósito de combustible. **Almacenamiento** stockage. El depósito tendrá una capacidad de almacenamiento para 50 mil metros cúbicos.

◎ **ALQUILAR**

louer. **Alquilar un piso** louer un appartement. **Alquilar por horas, por meses** louer à l'heure, au mois. **Alquiler** loyer. **De alquiler** en location, à louer. **Casa de alquiler** maison de rapport.

**ALTIBAJOS**

les vicissitudes, les hauts et les bas. Siempre mantuvieron una amistad sin altibajos.

◎ **ALTO** ***(ant. bajo)***

1) haut. **Un alto dirigente** un haut dirigeant. **En altas esferas** en haut lieu. **Un alto horno** un haut fourneau. **Desde lo alto de** du haut de. **En lo alto** tout en haut. **En voz alta** à voix haute. 2) grand *(syn. grande)*. **La alta sociedad** le grand monde. **Hacer algo por lo alto** faire quelque chose en grand. 3) en crue. El río está en alto. 4) élevé *(syn. elevado)*. Precios altos. **Alto el fuego** cessez le feu. La organización terrorista ETA mandó un comunicado en el que expresó su disposición a un alto el fuego temporal. **Hacer alto** faire halte *(syn. pararse)*. **Pasar por alto** passer sous silence *(syn. callar)*, oublier *(syn. olvidar)*. **Tirar por alto** compter largement.

**ALTURA**

1) altitude. **A gran altura** à haute altitude. **A estas alturas** à présent, actuellement. A estas alturas se percibe el punto neurálgico de la debilidad preelectoral del candidato liberal. 2) niveau *(syn. nivel)*. **Estar a la misma altura** être au même niveau. 3) sommet *(syn. cumbre)*. Las alturas de las montañas. 4) hauteur. **Un programa de altura** un programme à la hauteur. No estuvo a la altura de las circunstancias.

◎ **ALZA (EL)** ***(ant. baja)***

hausse. **El alza de los precios** la hausse des prix. Una subida de los tipos de interés anticipada por el alza de un cuarto de punto del Bundesbank alemán. **Estar en alza** avoir la cote. **Jugar al alza** jouer à la hausse. **Alzado** qui fait une banqueroute frauduleuse, rebelle *(syn. rebelde)*. **Alzamiento** soulèvement, révolte, banqueroute frauduleuse. **Alzar** lever, soulever, dresser. **Alzar sus voces al cielo** pousser des hauts cris.

**ALLANAR** ***(syn. aplanar, nivelar, igualar)***

aplanir, niveler. **Allanar el terreno (el camino)** déblayer le terrain. El partido denota una imperceptible necesidad de allanarle el camino. **Allanarse** s'effondrer, s'écrouler *(syn. derrumbarse)*, se soumettre, se plier *(syn. someterse)*. **Allanamiento** aplanissement, soumission, violation (domicile).

**ALLEGADO (UN)**

1) un proche de, un parent *(syn. próximo, familiar, pariente)*. **Mis allegados** mes proches. 2) entourage. **Los allegados del presidente** l'entourage du président.

◎ **ÁMBITO**

domaine, espace, cadre. Son relatos estructurados en torno a un estilo y a un ámbito geográfico. **El ámbito nacional** le territoire national. **En el ámbito de** dans le cadre de.

### ◎ AMENAZA

menace. **Amenazas vanas** menaces en l'air. **Amenazar** menacer. Los bosnios amenazaban con boicotear las elecciones de Mostar. **Amenazar con un arma** menacer d'une arme.

### AMÉN DE

outre, en plus de. **Amén de lo dicho** outre ce qui a été dit. **En un decir amén** en un clin d'œil, en moins de deux *(syn. en un abrir y cerrar de ojos)*.

### AMORDAZAR

museler, bâillonner. **Amordazar la prensa** bâillonner la presse. El dictador amordazaba la prensa de su país.

### ◎ AMPARAR *(syn. proteger)*

protéger. **Amparar a alguien** protéger quelqu'un. **Ampararse** se protéger *(syn. protegerse)*, s'abriter. Ampararse del frío. **Ampararse en la ley** se protéger derrière la loi. **Amparo** 1) protection *(syn. protección)*, abri, refuge *(syn. refugio)*. **Al amparo de uno** sous la protection de quelqu'un. 2) appui, soutien *(syn. apoyo, ayuda)*. **Contar con el amparo de uno** compter sur l'appui de quelqu'un.

### ◎ AMPLIAR

1) élargir, agrandir, amplifier, développer *(syn. desarrollar)*. Queremos que AP ceda sus posiciones de derecha pura y neta para abrirse y ampliarse hacia el centro. 2) étendre *(syn. extender ; ant. reducir)*. **Ampliar los poderes de** étendre les pouvoirs de. 3) augmenter *(syn. incrementar, aumentar)*. Quieren ampliar el número de socios. **Ampliación** 1) augmentation *(syn. aumento)*. **Una ampliación de capital** une augmentation de capital. 2) agrandissement. El presidente autorizó la ampliación del congreso. 3) approfondissement, perfectionnement (études). **Ampliable** que l'on peut agrandir.

### ◎ ANÁLISIS (UN) *(syn. estudio)*

une analyse. Hizo un detallado análisis de los resultados de venta. **Analizar** analyser *(syn. examinar, estudiar)*. **Analista** analyste.

### ANDADAS *(volver a las)*

retomber dans les mêmes erreurs ou les mêmes fautes. A pesar de las advertencias, volvió a las andadas. **Andada** longue marche *(syn. caminata)*, empreinte, trace *(syn. huella)*.

### ◎ ANDAR

1) marcher *(syn. caminar)*. Anduvo sin rumbo fijo durante más de cuatro horas. 2) fonctionner, aller *(syn. funcionar)*. **Los negocios no andan bien** les affaires vont mal. 3) être *(syn. estar)*. **Andar muy ocupado** être très occupé. **Andar revuelto** être en pleine effervescence. La ciudad andaba revuelta a causa de la Exposición Universal.

### ◎ ANDAR + PRÉPOSITION

1) andar a. **Andar a gusto** se trouver bien. 2) andar con. **No andar con rodeos** ne pas s'encombrer de détails, ne pas y aller par quatre chemins. **Andar con cuidado** faire attention *(syn. andar con ojo)*. **Andar con pies de plomo** regarder où l'on met les pieds. 3) andar de. **Andar de capa caída** filer un mauvais coton. **Andar de cabeza** ne pas savoir où donner de la tête. Con todo este trabajo no anda de cabeza.

◎ **ANDAR + EN**

1) fouiller. **Andar en una maleta** fouiller dans une valise. 2) s'occuper de. **Andar en negocios complicados** s'occuper d'affaires compliquées. 3) aller sur. Anda en los cincuenta años. **Andar en tratos** être en pourparlers. Iraq e Irán anduvieron en tratos por largos meses antes del alto el fuego. **Andar en lenguas de todos** être dans toutes les bouches, sur toutes lèvres. La nueva canción de U2 anda en lenguas de todos.

◎ **ANDARSE**

1) s'en aller *(syn. marcharse, irse)*. **Andarse con** ou **en** user de. **Andarse con bromas** user de plaisanteries. 2) s'occuper de *(syn. ocuparse de)*. **Siempre se anda con todo** il s'occupe de tout. **Andarse con paños calientes** employer des palliatifs. **Andarse por las ramas** ou **por las márgenes** tourner autour du pot. **Andarse en chanchullos** magouiller.

**ANIQUILACIÓN** ***(ou aniquilamiento) (syn. exterminación)***

extermination, massacre, anéantissement. En esta zona se lucha contra la aniquilación del elefante. **Aniquilar** annihiler, anéantir, réduire à néant *(syn. matar, exterminar)*.

**ANSIAR ▶**

1) convoiter. **Ansiar algo** convoiter quelque chose. 2) désirer ardemment. Los pueblos de Oriente ansían un mundo más seguro. **Ansia** anxiété, angoisse *(syn. angustia)*. **Ansioso** désireux, anxieux.

**ANTELACIÓN (CON)**

à l'avance, par avance, par anticipation. La operación de la policía francesa fue comunicada con antelación a las autoridades españolas.

**ANTEPONER A**

mettre devant, faire passer devant, préférer à. **Anteponer el deber antes que nada** faire passer le devoir avant toute chose. Anteponiendo los intereses de su oponente, el presidente había aceptado no vetar una medida muy popular entre el electorado.

◎ **ANTICIPAR**

1) anticiper, avancer, affirmer *(syn. dar por seguro)*. **Anticipar dinero** avancer de l'argent. Hoy se puede anticipar que éstas serán las últimas elecciones en las que el PRI participe como único partido cara a los resultados. 2) avancer la date, le moment *(syn. adelantar)*. **Anticipar las fiestas** avancer la date des fêtes.

**ANTICONCEPTIVO**

un contraceptif. La iglesia católica no admite ningún método anticonceptivo.

3

◎ **ANUNCIAR**

annoncer. Ha anunciado públicamente su candidatura y la ha defendido. **Anunciar a bombo y platillo** faire un grand battage, annoncer quelque chose à grand renfort de trompettes. **Anunciar una noticia** annoncer une grande nouvelle. **Anuncio** annonce, pancarte, affiche *(syn. cartel)*. **Anuncio publicitario** spot publicitaire. **Anuncio breve** petite annonce. **Fijación de anuncios** affichage. **Tablón de anuncios** tableau d'affichage. **Prohibido fijar anuncios** défense d'afficher.

**AÑADIDURA**

addition, ajout, supplément. **Por añadidura** en outre, de surcroît, par dessus le marché. El peronismo ha elegido por primera vez por el voto de sus afiliados y por añadidura en comicios limpios, a un aspirante a la Casa Rosada. **Añadir** ajouter.

◎ **AÑO**

an, année. **Los años 50** les années 50. **Año bisiesto** année bissextile. **Año económico** exercice financier. **Año entrante** année qui commence. **Años pobres** années pauvres. **Año tras año** d'année en année. **En los años que corren** par les temps qui courent. **Año de vacas flacas** année de vaches maigres *(ant. año de vacas gordas)*. **En lo que va de año** cette année. En lo que va de año las exportaciones han crecido satisfactoriamente a un ritmo del 12 %.

**APACIGUAMIENTO**

apaisement. El gobierno se propone poner en práctica un pequeño plan para conseguir el apaciguamiento de la inflación. **Apacible** tranquille, calme *(syn. tranquilo)*. **Apaciguar** apaiser, calmer *(syn. tranquilizar, pacificar)*.

**APARCAR**

1) garer, ranger sa voiture, parquer, stationner. **Aparcar el coche** garer sa voiture. **Prohibido aparcar** défense de stationner. 2) fig. laisser de côté, ne pas parler de. El Primer Ministro italiano ha preferido aparcar los problemas de fondo. **Aparcamiento** stationnement, parc de stationnement.

**APARTADO (UN)**

rubrique. El plan está constituido de cuatro apartados. **Apartadero** gare de triage, voie de garage.

**APELAR**

1) faire appel. **Apelar de una sentencia** faire appel d'un jugement *(syn. apelar contra)*. 2) faire appel, en appeler, s'en remettre. Anunció que apelaría a la corte suprema. 3) avoir recours à *(syn. recurrir a)*. **Apelar a la violencia** avoir recours à la violence. **Apelación** appel. **Presentar una apelación** faire appel. ➤ FA appeler **llamar**.

**APERTURISTA**

d'ouverture. **Una política aperturista** une politique d'ouverture. Las tensiones fueron producidas por el impulso aperturista de algunos países.

**APLAZAMIENTO**

ajournement, remise, renvoi. **El aplazamiento de una sesión** l'ajournement d'une séance. El aplazamiento de esta convocatoria ha producido un fuerte malestar en Costa Rica. **Aplazar** ajourner, remettre à plus tard, renvoyer, reculer, différer. El presidente admite que el segundo mandato será más difícil y sus aliados piden que aplace el plan de austeridad. **Aplazar un pago** reculer un paiement. **Plazo** délai.

◎ **APODERARSE** ***(syn. apropiarse; ant. ceder)***

s'emparer de, s'approprier. **Apoderarse del poder** s'emparer du pouvoir. La Standard Oil financiaba el ejército boliviano para apoderarse del Chaco boliviano. **Apoderamiento** appropriation. **Apoderar** déléguer des pouvoirs à, nommer comme fondé de pouvoirs.

◎ **APOGEO** *(syn. auge; ant. decadencia)*

apogée. **Estar en todo su apogeo** être à son apogée, être à l'apogée de sa gloire, de sa réussite, battre son plein (fête). Se ha jubilado casi en todo su apogeo.

**APOSENTARSE**

s'installer. Está claro que aquí la democracia no encontrará terreno para aposentarse. **Aposentar** loger, héberger. **Aposentamiento** logement. **Aposento** chambre, pièce *(syn. habitación)*, demeure *(syn. morada, casa)*.

**APOSTAR** *(por)*

parier, miser sur. Los expertos están apostando por nuevas caídas del dólar. **Apostar sobre seguro** parier à coup sûr. **Apostar la cabeza** donner sa tête à couper. **Apuesta** une mise, un pari. **Apostante** parieur.

◎ **APOYAR** *(syn. sostener, respaldar, ayudar; ant. abandonar)*

appuyer, soutenir. **Apoyar a alguien** appuyer, soutenir quelqu'un. Te apoyaré en tu decisión cualquiera que sea. **Apoyarse** s'appuyer, reposer sur. Las acusaciones se apoyaban en numerosos datos y cifras. **Apoyo** appui, soutien *(syn. sostén, ayuda; ant. abandono, oposición)*. Es una zona que no beneficia de ningún apoyo.

◎ **APRENDIZ**

apprenti. El artesano fue multado por negarse a contratar a un aprendiz magrebí. **Aprendizaje** apprentissage.

◎ **APROBAR**

1) approuver *(ant. desaprobar)*. **Aprobar por unanimidad** approuver à l'unanimité. 2) réussir à un examen, être reçu à *(ant. suspender)*. **Aprobar una oposición** être reçu à un concours. 3) adopter. Aprobar una ley.

◎ **APROVECHARSE DE** *(syn. sacar provecho de)*

profiter de, tirer parti, avantage de. Aquella clase contestataria ha dejado paso a una sociedad de conformistas que se aprovechan del sistema sin cuestionarlo a fondo. **Aprovechar** profiter, être utile *(syn. ser útil)*, servir, utiliser, mettre à profit, fig. progresser *(syn. adelantar)*. **Aprovecha en estudios** il progresse dans ses études. **Aprovechado** très économe, appliqué, employé, utilisé, conçu. **Aprovechador** profiteur, débrouillard *(syn. aprovechón)*.

◎ **APUNTAR**

1) viser. **Apuntar el corazón** viser le cœur. 2) montrer, désigner *(syn. mostrar)*. **Apuntar con el dedo** montrer du doigt. 3) manifester, faire preuve de. Este niño apunta numerosas cualidades para el fútbol. 4) signaler, faire remarquer. **Apuntar la importancia de un problema** signaler l'importance d'un problème. 5) noter, prendre note de *(syn. escribir, anotar)*. Apuntar un número de teléfono. 6) convenir de, fixer *(syn. concertar)*. Apuntaron un aumento de los precios del 3% para el año próximo. 7) indiquer, prévoir. Las previsiones apuntan que la producción industrial crecerá un fuerte 0,6% en julio. **Apuntar la posibilidad** envisager la possibilité. ➤ FA appointer **dar un sueldo**.

### ◎ ARANCEL

tarif douanier, droit de douane. Bruselas impuso a estas empresas un arancel que llegaba incluso a las 10 000 pesetas por unidad. **Arancelario** douanier. **Barreras arancelarias** barrières douanières. **Franquicia arancelaria** franchise douanière. **Leyes arancelarias** législation douanière. La política arancelaria y monetaria pretendía ser neutral.

### ARCAS *(syn. cofre)*

coffre. **Las arcas nacionales** les coffres de l'Etat. Esta reforma fiscal supone que las arcas del estado belga dejen de ingresar alrededor de 270000 millones de pesetas anuales.

### ◎ ÁREA (UN)

1) superficie, aire, surface *(syn. superficie)*. 2) zone *(syn. zona)*. El área del dólar. Un área de 150 km fue destruida por el bombardeo. **Area metropolitana, urbana** district urbain. **En áreas de** au nom de.

### ARMA (UN)

arme. **Un arma de dos hilos** arme à double tranchant. **Armas de alcance medio** armes de moyenne portée. **Arma nuclear** arme nucléaire. **Armas químicas** armes chimiques. En enero hubo en París una conferencia sobre las armas químicas. **Arma de fuego** arme à feu. **Alzarse en armas** se soulever, se révolter *(syn. sublevarse, rebelarse)*. **Descansar las armas** déposer les armes. **Hacer sus primeras armas** faire ses débuts *(syn. empezar)*. **Tocar el arma** appeler aux armes.

### ARMAMENTO

armement. **Armamentista** (adj.) qui a rapport à l'armement. **La carrera armamentista** course aux armements *(ant. antiarmamentista)*.

### ◎ ARMAR

1) armer. 2) monter, organiser *(syn. organizar)*. **Armar una cábala** monter une cabale. 3) faire, causer *(syn. causar, provocar)*. **Armar un lío** faire une histoire. **Armar un escándalo** faire un esclandre. 4) susciter, produire. **Armar dificultades** entraîner des difficultés. 5) semer. **Armar el follón** semer la pagaille. **Armar pendencia** chercher querelle. **Armar una trampa** dresser un piège.

### ARRAIGO

enracinement, attachement. La democracia cristiana es uno de los partidos con más arraigo en Chile. **Arraigar** enraciner, établir, fixer. Arraigó su domicilio en Quito. **Arraigarse** s'enraciner, prendre racine, se fixer. **Arraigado** stable, enraciné. Con su sentido arraigado de la individualidad, vivían aislados en el campo.

### ◎ ARRANQUE

1) démarrage, élan. El arranque de un coche. **El arranque de un negocio** le démarrage d'une affaire. 2) accès, mouvement. **Un arranque de ira** un accès de colère. 3) sortie, boutade, répartie. Un arranque desagradable une boutade desagréable. 4) début, commencement. **El arranque de una película** le début d'un film. 5) sursaut *(syn. impulso)*. Un arranque de energía. 6) arrachage. Con el arranque de los árboles podemos contar con cambios radicales en nuestros paisajes. **Arrancar** arracher, extorquer, décrocher, mettre en marche, démarrer *(syn. poner en marcha)*, s'élancer, commencer, se mettre à *(syn. ponerse a)*.

**ARRASTRAR**

entraîner, traîner. La víctima fue arrastrada por el agua del río en el que se cayó. **Arrastrar por los suelos** traîner dans la boue. **Arrastrarse** se traîner, ramper, traîner en longueur. **Una crisis que se arrastra** une crise qui n'en finit plus. **Arrastre** traînage. **Estar para el arrastre** être au bout du rouleau. **Ser de mucho arrastre** avoir beaucoup d'influence *(syn. tener mucha influencia).*

**ARREBATAR**

enlever, arracher *(syn. quitar)*, ravir *(syn. robar).* El ladrón le arrebató 8000 pesetas al taxista. **Arrebatar la primacia** ravir la primauté. **Arrebatarse en cólera** s'emporter. **Arrebatadamente** précipitamment *(syn. con prisa)*, impétueusement *(syn. con vehemencia).* **Arrebatamiento** arrachement, rapt, enlèvement, *(syn. secuestro)*, ravissement. **Arrebato** emportement, fureur, extase.

◎ **ARREGLAR**

1) réparer. **Arreglar una máquina** réparer une machine. 2) ranger, mettre en ordre *(syn. poner en orden).* **Arreglar casa** mettre en ordre la maison. 3) régler. **Arreglar un asunto** régler une affaire. **Arreglarse** s'arranger, se contenter de *(syn. conformarse con)*, se préparer *(syn. prepararse).* **Arreglárselas** se débrouiller. ¡No te preocupes, se las arregla muy bien! **Arreglarse por las buenas** s'arranger à l'amiable. **Un arreglo** un accord, arrangement, *(syn. acuerdo).* 2) réparation, arrangement. Cuando las partes no llegan a un arreglo conciliatorio pueden designar un árbitro. **Un arreglo final** une mise au point. **Con arreglo a** conformément à, en fonction de.

**ARRIBISTA** ***(syn. oportunista, ambicioso)***

arriviste. El mono en la simbología china es considerado como un arribista sin escrúpulos. **Arribismo** arrivisme.

◎ **ARRIESGAR**

risquer, hasarder. Un 7 % de los Españoles estaría dispuesto a arriesgar la vida en defensa de su fe. **Arriesgarse** s'exposer à *(syn. exponerse a)*, risquer de, se risquer à. **Arriesgado** risqué, dangereux *(syn. peligroso)*, hasardeux, audacieux. **Un riesgo** un risque.

◎ **ARROJAR**

1) jeter, lancer *(syn. tirar, echar).* Arrojó piedras sobre los policías. 2) atteindre un prix, une valeur, totaliser *(syn. costar, valer).* Los dirigentes chinos han respondido con una brutal represión que arroja más de dos mil muertos. 3) démontrer, faire apparaître *(syn. revelar).* Las estadísticas arrojan un aumento del poder adquisitivo de las clases medias. 4) déposer, jeter. **Prohibido arrojar basura** défense de déposer des ordures. **Arrojar la toalla** abandonner *(syn. abandonar)*, jeter l'éponge. Los resultados de esta estrategia fueron negativos y la industria europea tuvo que arrojar la toalla. **Arrojar por la borda** jeter par-dessus bord, se défaire de. **Arrojarse** se précipiter, se jeter *(syn. tirarse, echarse).* **Arrojarse de cabeza** se jeter la tête la première. **Arrojo** courage, intrépidité *(syn. valor ; ant. cobardía).*

◎ **ARTEFACTO** ***(syn. bomba)***

engin explosif, bombe. Se oyó el estallido de dos artefactos en la terraza del Palacio del Gobierno.

**ARTESANO**

artisan. **Artesanía** artisanat *(syn. artesanado)*. **De artesanía** artisanal. **Artefacto artesanal** bombe de fabrication artisanale.

**ARTICULISTA** ***(syn. periodista)***

journaliste, auteur d'articles, chroniqueur. Trabaja de articulista en el País. **Artículo** article. **Artículo de fondo** article de fond.

◎ **ASALARIADO**

salarié. Aquí quien vende puede convertirse en millonario pero siendo también asalariado de quien compra. **Asalariar** salarier.

**ASALTANTE** ***(syn. asaltador)***

assaillant, attaquant. El interés de los asaltantes era el de hacerse con los depósitos de oro del banco. **Asaltar** 1) assaillir, attaquer. Tres individuos asaltaron un banco en Madrid a eso de las cuatro de la tarde. 2) fig. venir à l'esprit *(syn. ocurrírsele a uno)*. Una idea me asaltó. **Asalto** attaque *(syn. ataque)*, assaut, agression. **Tomar por asalto** prendre d'assaut.

◎ **ASCENDER A** ***(syn. alcanzar, elevarse a)*** ▶

atteindre, s'élever à. Las ayudas ascienden a 2000 millones de pesetas. **Ascender** monter, s'élever en grade, avoir de l'avancement, accéder au grade de. **Ser ascendido** être promu. **Ascensión** montée *(syn. subida)*, ascension. **Ascenso** ascension, avancement, promotion. **Ascenso por antigüedad** avancement à l'ancienneté.

**ASEGURADO**

assuré. Está asegurado contra el robo. **Asegurador** agent d'assurances. **Compañía aseguradora** compagnie d'assurances. **Asegurar** assurer, mettre en sûreté, préserver de, assurer contre.

**ASENTAMIENTO**

établissement, installation, emplacement. El acto de fundación era un requisito indispensable para cualquier asentamiento poblacional. **Asentado** placé, situé *(syn. ubicado)*, stable, équilibré. **Asentar** asseoir, placer *(syn. colocar)*, établir *(syn. establecer)*, poser *(syn. poner)*, fonder *(syn. fundar)*, inscrire *(syn. inscribir, escribir)*. **Asentar una ciudad** fonder une ville. **Asentar en un libro** porter, transcrire sur un livre.

**ASEVERACIÓN** ***(syn. afirmación, declaración)***

assertion, affirmation, déclaration. Esta aseveración fue respaldada con un terminante «no hay un mercado interno que pueda absorber estas cantidades de mercancías». **Aseverar** affirmer *(syn. declarar, afirmar)*.

**ASIGNAR**

attribuer *(syn. atribuir)*, assigner, accorder *(syn. conceder)*. **Asignar un crédito** accorder un crédit. Se les asignan trabajos penosos para los que no están preparados. **Asignación** attribution, allocation *(syn. subsidio)*, traitement.

**ASISTENCIALISMO**
assistanat. **Asistencialismo económico** aide économique. **Asistencia** assistance, aide *(syn. ayuda )*, secours *(syn. socorro)*, pension alimentaire *(syn. pensión alimenticia)*. **Asistir** aider, assister, secourir.

**ASOLAR** ***(syn. destruir, devastar ; ant. rehacer, reconstruir)***
dévaster, ravager. Es el principio del fin de un conflicto que ha asolado la región durante ocho años. **Asolado** dévasté, ravagé, détruit.

◎ **ASOMBRO** ***(syn. estupefacción, sorpresa ; ant. indiferencia)***
étonnement, surprise, ahurissement. Todavía no ha salido de su asombro. **Asombroso** surprenant, étonnant *(syn. sorprendente, sensacional, fenomenal)*. Recitó unos poemas de asombrosa belleza. **Asombrar** étonner, épater, surprendre *(syn. sorprender, causar admiración)*.

**ASTILLERO**
chantier naval. Las famosas huelgas en los astilleros de Gdansk.

**ASUNCIÓN**
prise en charge, action d'assumer, avènement, élévation. La muerte en carretera es un fenómeno social que ha alcanzado un nivel muy importante de asunción. **Asumir** assumer, prendre en charge.

◎ **ASUNTO**
1) sujet, question *(syn. tema, cuestión)*. **Un asunto de orden general** un sujet d'ordre général. 2) affaire. **Un asunto intrincado** une affaire compliquée, embrouillée. **Asunto concluido** affaire conclue, réglée. 3) fait *(syn. hecho)*. **El asunto es que** le fait est que. **Conocer bien el asunto** s'y connaître. **Eso es otro asunto** ça c'est une autre affaire. **No me gusta el asunto** cela ne me dit rien qui vaille.

**ATAJAR**
1) couper, prendre un raccourci *(syn. tomar un atajo)*. 2) arrêter, endiguer, enrayer. **Atajar una epidemia** enrayer une épidémie. **Atajar el paro** réduire le chômage. 3) couper *(syn. cortar)*. **Atajar al que habla** couper la parole à celui qui parle. **Atajarse** se troubler, rester court *(syn. cortarse, turbarse)*. **Atajo** raccourci, moyen, expédient *(syn. procedimiento)*.

**ATASCO**
embouteillage. Este verano el conductor español no sólo va a soportar los típicos atascos sino también la lluvia. **Atascar** boucher *(syn. obstruir, cerrar)*, arrêter *(syn. detener)*, contrarier (une affaire), gêner, déranger *(syn. molestar)*. **Quedarse atascado** s'arrêter *(syn. pararse, detenerse)*.

**ATENAZAR** ***(syn. tenacear, tormentar)***
tenailler, tourmenter. Varias interrogantes atenazan a los colaboradores del gobernador de Córdoba. **Tenazas** tenailles.

**◎ ATENTADO**

attentat. **Atentado contra las buenas costumbres** attentat aux bonnes mœurs. **Atentado con bombas** attentat à la bombe. **Atentado fallido** ou **frustrado** attentat manqué. En medios policiales no se descarta que el frustrado atentado tenga alguna relación con la visita de una importante delegación. **Atentar** attenter à, porter atteinte.

**ATESORAMIENTO** ***(syn. ahorro)***

thésaurisation, économie. Las autoridades de Jerusalem creen que las sumas superiores a 10 millones de francos suizos entregados por los bancos evitarán el atesoramiento en las instituciones suizas. **Atesorar** amasser, thésauriser *(syn. ahorrar, economizar)*, réunir *(syn. reunir)*. **Atesorar varias cualidades** réunir plusieurs qualités.

**ATOLLADERO**

bourbier, impasse, difficulté *(syn. dificultad)*. Pretenden hallar el medio que les permita salir del atolladero en que andan metidos. **Atollar** s'embourber, s'enliser.

**ATRACO**

vol à main armée, agression. Según la policía se registran a diario 70 robos y atracos. **Atracar** attaquer, dévaliser *(syn. asaltar)*, voler à main armée *(syn. robar)*. **Atracador** *(syn. ladrón)* brigand, malfaiteur, voleur à main armée. **Atracada** *(syn. pelea)* rixe, bagarre.

**ATRAPADO**

pris, coincé. 200 personas murieron al quedar atrapadas en el interior de una mina en Filipinas. **Atrapar** attraper, prendre *(syn. coger ; ant. soltar)*, décrocher *(syn. conseguir)*. **Atrapar un empleo** décrocher un emploi.

**◎ ATREVERSE A**

1) oser. Hoy nadie se atreve a pronosticar la salida de la crisis. 2) manquer de respect *(syn. faltar de respeto)*. Atreverse con un superior. **Atrevido** audacieux, hardi, osé, entreprenant.

**ATRINCHERARSE**

se retrancher. Los pescadores se atrincheraron en sus barcos. No se puede vivir eternamente atrincherados contra el sentido de la historia.

**◎ AUGE** ***(syn. apogeo ; ant. decadencia)***

prospérité, apogée, essor. **Auge económico** expansion économique. **En pleno auge** en plein essor. La decisión de España de abrirse al exterior contó con un momento de auge internacional.

**◎ AUMENTAR** ***(syn. incrementar, subir ; ant. reducir, disminuir)***

augmenter. **Aumentar los precios** augmenter les prix. **Aumentar los salarios** augmenter les salaires. La inquietud aumenta cada día más. **Aumento** hausse, augmentation *(ant. disminución, baja)*. El aumento de las ventas de Philip Morris en España ha sido superior al 15 %. **El aumento salarial** l'augmentation salariale.

**AUNAR**
unir, allier, réunir, conjuguer *(syn. reunir, juntar).* El Harrier podía aunar las velocidades de un reactor con las ventajas de un aterrizaje vertical. **Aunar los esfuerzos** conjuguer les efforts.

**AURA** ***(syn. popularidad)***
faveur populaire, approbation générale. El presidente beneficia del aura general.

**AUTO**
arrêt, arrêté (jugement). El auto de procesamiento fue instruido por el Juez de Miranda. **Auto de comparecencia** assignation. **Auto de prisión** mandat d'arrêt.

◎ **AUTOPISTA**
autoroute. Sagunto tiene buenas autopistas y eso puede influir en la decisión final de FIAT. **Autopista de peaje** autoroute à péage.

**AUTORÍA**
emploi de régisseur. **Atribuirse la autoría de un atentado** revendiquer un attentat. ETA se ha atribuido la autoría de los atentados contra las dos patrullas de la guardia civil.

**AUXILIO** ***(syn. ayuda)***
aide, secours, assistance. **Auxilio en carretera** secours routier. **Auxilio social** assistance publique. **En auxilio de** au secours de. Alan García aceptó una humillante intervención militar en su país a cambio de un auxilio internacional para salir de la crisis. **Auxiliar** aider *(syn. ayudar)*, secourir *(syn. socorrer).*

◎ **AVANCES** ***(syn. progresos)***
progrès. **Los avances de la ciencia** les progrès de la science. El silencio tenía que hacerse eco de los máximos avances en confort : doble cristal aislante. (pub. Audi)

**AVENTAJAR** ***(syn. sobrepasar, superar ; ant. rezagarse)***
dépasser, surpasser, l'emporter sur. Ninguno de los candidatos aventajaba al otro en los sondeos.

◎ **AYUDA** ***(syn. auxilio, socorro, respaldo)***
aide. **La ayuda internacional** l'aide internationale. **La ayuda estatal** l'aide accordée par l'état. **Ayuda de costa** secours en argent. **Acudir en ayuda de** secourir *(syn. socorrer).* **Encontrar ayudas** trouver des appuis. **Prestar ayuda** prêter secours. **Ayudante** aide, adjoint, assistant *(syn. auxiliar, asistente).* **Ayudar** aider *(syn. respaldar, auxiliar ; ant. abandonar).*

**AZOTAR**
1) fouetter *(syn. dar azotes)*, battre, frapper *(syn. pegar).* 2) s'abattre sur, frapper. Las inundaciones azotaron el pasado otoño a las comunidades de Valencia y Murcia. **Azote** fouet, coup de fouet, fléau *(syn. plaga, epidemia).*

# B

**BACHE (UN)**

1) trou, creux, nid de poule. La carretera está llena de baches. 2) trou d'air. No me gusta viajar en avión por los baches. 3) les hauts et les bas, un moment difficile.

**BAJÓN**

1) grande baisse, dégringolade d'une valeur *(syn. caída)*. El bajón de las acciones en bolsa. 2) diminution, détérioration, dégradation (d'une situation, de l'intelligence, de la santé) *(syn. disminución, deterioro, agravación)*. Se nota en este sector un bajón profesional. **Dar un bajón** baisser, vieillir d'un coup. Este año mi abuelo ha dado un gran bajón.

◎ **BALANCE *(syn. estado de cuentas)***

bilan. Son seis años que han ofrecido un balance negativo para los funcionarios españoles. **Hacer el balance de la situación** faire le point de la situation.

**BALDÍO *(syn. vano, inútil)***

vain, inutile. Todos los esfuerzos para detener a los culpables fueron baldíos. **Deshacerse en esfuerzos baldíos** se dépenser en vains efforts.

◎ **BANCO**

1) banque. El Banco celebra hoy un consejo de administración. **Banco comercial** banque de dépôts. **Banco de datos** banque de données. **Banco hipotecario** crédit foncier. **Banco de negocios** banque d'affaires. **Banquero** banquier. 2) banc. **Banco de pruebas** banc d'essai. Japón es el banco de pruebas de una nueva tarjeta de crédito. **Banca** la Banque, l'ensemble professionnel. **Hacer saltar la banca** faire sauter la banque.

**BARAJAR**

1) mélanger (cartes) *(syn. mezclar)*. Barajaron las cartas y empezaron la partida. 2) manipuler *(syn. manejar)*. 3) citer, proposer, mettre en avant *(syn. nombrar, citar)*. Se barajan varios nombres para el nombramiento del presidente del partido. 4) brouiller, embrouiller. Barajar ideas.

**BARANDILLA**

1) corbeille (à la Bourse) *(syn. corro)*. 2) rambarde, barre d'appui. 3) barre du tribunal.

◎ **BARATO *(syn. no caro ; ant. caro)***

bon marché. **Salir** ou **resultar barato** ne pas revenir cher. A los americanos les sale más barato comprar sus camisetas de algodón en España que en su país. **Vender barato** vendre bon marché. **Las baratijas** la camelote.

**BARRERA**

1) barrière. La comisión propone un incremento de las barreras comunitarias a la importación. 2) obstacle *(syn. obstáculo)*. **Poner barreras** mettre des obstacles. **Las barreras arancelarias** les barrières douanières. **La barrera del sonido** le mur du son.

◎ **BARRIO**

quartier. Todo el barrio siguió de forma masiva la protesta contra la inseguridad. **El barrio de las latas** bidonvilles. **El otro barrio** l'autre monde. **Los barrios bajos** les bas quartiers, les quartiers populaires.

**BASTIDORES**

les coulisses. **Entre bastidores** dans les coulisses. Nunca sabemos lo que ocurre entre bastidores.

**BAZA**

un atout. Tiene muchas bazas para conseguir el puesto de director administrativo. **Meter baza en** fourrer son nez dans, mettre son grain de sel, dire son mot *(syn. intervenir)*. **No dejar meter baza** ne pas laisser placer un mot dans une conversation. **Sentada esta baza** ce point étant acquis.

**BECA**

bourse d'études. Ha recibido una beca del gobierno español para efectuar sus estudios en una universidad americana.

◎ **BENEFICIARSE DE** ***(syn. gozar de)***

jouir de, bénéficier de. España beneficiará de ayudas presupuestarias procedentes de la Unión Europea. **Beneficio** bénéfice. **El beneficio previsto no obtenido** le manque à gagner.

◎ **BIENES**

1) biens. **Bienes de consumo** biens de consommation. **Bienes de equipo** biens d'équipement. 2) richesse, capital (syn. riqueza, capital). Heredó de su padre todos los bienes que posee.

**BILLETE VERDE** ***(syn. dólar)***

dollar. **El alza del billete verde** la hausse du dollar.

**BISAGRA**

charnière. (fig.) un parti politique charnière.

◎ **BLANCO (EL)**

1) cible *(syn. víctima)*. En Pentagono se propone destruir blancos terroristas en todo el mundo. 2) but *(syn. objetivo, meta)*. **Dar en el blanco** frapper au but, faire mouche. **Tirar al blanco** faire un carton. **Ser el blanco de las burlas** être un objet de risée. **Ser el blanco de las miradas** être le point de mire.

**BLANDO** ***(syn. tierno, suave, apacible ; ant. duro, severo)***

mou, tendre. No fue elegido por tener una imagen de blando. **Drogas blandas** drogues douces *(ant. drogas duras)*.

**BLOQUEAR**

1) bloquer. Al bloquear la frontera, la mercancía se estropeó. 2) geler. **Bloquear créditos** geler des crédits. **Bloqueo** blocus. Bloqueo de los puertos cubanos por la armada norteamericana.

**BOCAJARRO (A) OU A BOCA DE JARRO**

à bout portant. Le dispararon una bala a bocajarro.

◎ **BOLSA**

la bourse. Quieren aumentar su presencia en bolsa. **Una bolsa de pobreza** une poche de pauvreté. **Bolsa negra** marché noir. **Bolsa rota** panier percé, un gouffre. **Bursátil** boursier. **Bolsista** un boursier.

**BOMBARDEO**

bombardement. **El bombardeo de la Ciudad de Guernica por la legión Cóndor. Bombardear** bombarder.

◎ **BONANZA** ***(syn. prosperidad)***

prospérité. Estimulado por la bonanza económica, este país se olvida de los valores humanos y culturales.

**BORRASCA**

1) bourrasque, tempête *(syn. temporal, tempestad, tormenta)*. 2) risque, péril *(syn. riesgo, peligro)*. Las borrascas de la vida.

**BOYANTE**

1) prospère *(syn. próspero)*, fortuné, heureux *(syn. feliz)*. Tenía la sonrisa de un hombre boyante. 2) brillant *(syn. brillante)*. Su primer combate fue boyante.

**BREVE (EN)**

sous peu. Confiaba en que las dos partes iniciaran en breve negociaciones directas.

◎ **BRINDAR** ***(syn. proponer, ofrecer)***

offrir, proposer. PROFECO cuenta con oficinas en toda la República Mexicana que brindan diferentes servicios a los consumidores. **Brindar por** porter un toast, boire à la santé de, trinquer *(syn. echar un brindis)*. Brindaron por su medalla de oro en los Juegos Olímpicos.

**BUQUE** ***(syn. barco)***

navire, bateau. Dos buques fueron bombardeados por la aviación rusa. **Un buque mercante** un navire marchand.

**BURLAR** ***(syn. engañar)***

tromper, abuser. **Burlar la vigilancia** tromper la surveillance. Logró burlar la vigilancia de los guardias y saltó por la ventana. **Burlarse** se moquer *(syn. mofarse)*. No entendía por qué todos se burlaban de él.

◎ **BUSCAR**

chercher, rechercher. Lo busqué pero no lo encontré. **Buscar tres pies al gato** chercher midi à quatorze heures. **Buscársela** gagner, bien le chercher. **¡Te la has buscado!** tu l'as bien cherché ! **Buscarse la ruina** courir à sa perte. **Quien busca halla** qui cherche trouve. **Busca** *(syn. búsqueda)* recherche, quête.

# C

**CÁBALA** ***(syn. suposición, cálculo)***

supposition. **Hacer cábalas** faire des pronostics. El día 30 empezaron las cábalas sobre la posibilidad de que el presidente introduzca nuevas leyes.

**CABALLERO**

1) homme *(syn. hombre, señor)*. **Caballeras** mesdames *(syn. señoras)*. 2) chevalier. **Un caballero andante** un chevalier errant. 3) gentleman. Comportarse como un caballero.

**CABECILLA (EL)** ***(syn. jefe)***

chef, chef de file, meneur. Entre los detenidos se encuentra el cabecilla de uno de los traficantes más importantes de marijuana.

**CABER**

1) tenir dans, entrer dans. Toda esta ropa no cabrá en una sola maleta. **Cabe señalar** il faut signaler. **Si cabe** si c'est possible *(syn. si es posible)*. **No caber en sí** être très content. 2) appartenir, être à, revenir, incomber *(syn. tocarle a uno)*. **No me cabe decírselo** ce n'est pas à moi de le lui dire. **Dentro de lo que cabe** dans la mesure du possible.

**CADA DOS POR TRES**

à tout bout de champ. El empresario hace declaraciones cada dos por tres.

◎ **CADENA**

chaîne. **El trabajo en cadena** le travail à la chaîne. **Cadena de fabricación** chaîne de montage. **Condenar a cadena perpetua** condamner à la prison à vie. Fue condenado a cadena perpetua por el tribunal de Jacksonville.

**CADUCACIÓN** ***(syn. caducidad)***

expiration. La fecha de caducación del pasaporte está escrita en la última página. **Caducar** expirer, être périmé. **Caduco** périmé, caduque.

◎ **CAER**

1) tomber *(pr. ou fig.)*. Se cayó bajando las escaleras. El Ministerio ha caído. 2) mourir *(syn. morir)*. Cayó en la guerra de Vietnam. 3) deviner *(syn. adivinar)*. No he caído en la solución. 4) être situé, donner sur. El balcón cae al mar. **Estar al caer** être sur le point d'arriver. **Caída** chute. **La caída del telón** le baisser du rideau. **La caída del dólar** la chute du dollar.

◎ **CAJA**

1) boîte. **Una caja de huevos** une boîte d'œufs. 2) caisse. **Caja de Ahorros** Caisse d'Epargne. **Caja registradora** caisse enregistreuse. **Ingresar en caja** encaisser. 3) coffre. **Caja de caudales** coffre fort. **Cajero** caissier. **Cajero automático** distributeur automatique. Fue al cajero automático para sacar dinero. **Hacer el arqueo** vérifier la caisse.

**CALIDAD**

1) qualité. Un producto de mala calidad. 2) choix. Artículos de primera calidad. **Un asunto de calidad** une affaire d'importance.

◎ **CÁMARA**

1) appareil photo *(syn. máquina de fotografiar)*. 2) caméra. Las cámaras de la TV. 3) chambre. **Cámara de comercio** chambre de commerce. **Cámara de diputados** chambre des députés.

◎ **CAMBIO**

1) change. **Perder con el cambio** perdre au change. **Agente de cambio y bolsa** agent de change. 2) monnaie. No tener cambio. 3) contrepartie, échange. **En cambio de** en échange de. **Cambiar** changer, échanger. Cambiar pesetas en francos. **Cambiar los papeles** renverser les rôles.

**CAMELLO**

revendeur de drogue, dealer. La mayor parte de los camellos son de Africa central.

**CAMPAÑA**

campagne. El ambiente de la campaña publicitaria de El Corte Inglés recreó, por medios decorados, las calles de Nueva York. Campaña electoral. Campaña anti-tabaco. Una campaña de prevención. ➤ FA la campagne **el campo**.

◎ **CAMPEÓN**

champion. El nuevo campeón del mundo de judo es japonés. **Campeonato** championnat. **De campeonato** formidable.

◎ **CAMPO** ▶

1) campagne. Muchos jóvenes dejan el campo y se van a la ciudad para buscar un empleo. 2) secteur, domaine. Este no es mi campo de actividad. 3) terrain de football. 4) champ. **Campo de operaciones** champ d'opérations.

**CANCELACIÓN** ***(syn. anulación)***

annulation. Los representantes del sector turístico han denunciado ya las primeras cancelaciones de viajes a España. **Cancelar** 1) annuler, décommander *(syn. anular)*. 2) régler, solder. Cancelaron su deuda.

**CANCILLER**

chancelier. El canciller de Alemania. **Cancillería** chancellerie, Ministère des Affaires Etrangères (Am. lat.).

◎ **CANDENTE** ***(syn. de actualidad)***

d'actualité, à l'ordre du jour.

**CAPACITACIÓN** ***(syn. formación)***

formation. Se requiere una capacitación en ciencias empresariales. **Capacitación profesional** formation professionnelle. **Capacitado** qualifié, capable *(syn. formado, calificado)*. No está capacitado para este trabajo. **Capacitar** former *(syn. calificar, formar)*.

**CAPEAR**

1) faire des passes avec la cape (tauromachie). 2) se tirer de, surmonter *(syn. superar)*. Los empresarios han tenido que capear la crisis dentro de un marco obsoleto.

**CAPITÁN *(syn. dirigente)***

chef, leader. **Capitanear** diriger, être à la tête de *(syn. dirigir, encabezar, acaudillar)*.

◎ **CARA**

1) face, visage *(syn. rostro, faz)*. Las nuevas caras del Rock se presentan en NuevaYork. **Cara a cara** face à face *(syn. frente a frente)*. **Cara a** vis à vis de, face à. 2) aspect, apparence *(syn. aspecto)*. Esta carne no tiene buena cara. 3) façade *(syn. fachada)*. La cara de un edificio. **Dar la cara** affronter *(syn. enfrentarse)*. **Hacer cara** résister *(syn. resistir)*. **Cara o cruz** pile ou face. **Tener cara** avoir du toupet, être audacieux.

◎ **CARECER DE *(syn. faltar, necesitar)***

manquer de. No aceptó la responsabilidad de la dirección artística por carecer del tiempo necesario para ello. **Carencia** manque, carence *(syn. escasez, falta, ausencia)*. **Carestía** disette, pénurie. ➤ FA caresser **acariciar**.

**CARGO**

1) poste, place *(syn. puesto, función, empleo)*. Los altos cargos del Ministerio del Interior. 2) responsabilité *(syn. responsabilidad)*. **A su cargo** sous sa responsabilité. No quiso tomarlo a su cargo. **Hacerse cargo** se charger de *(syn. encargarse)*. **Un cargo de conciencia** un cas de conscience. **Testigo a cargo** témoin à charge. **Cargo de acusación** chef d'accusation.

**CARISMÁTICO**

charismatique. Algunos ven en él un hombre carismático capaz de devolver la esperanza a un pueblo angustiado por la crisis. **Carismo** charisme.

◎ **CARRERA**

1) course. Una carrera de automóviles. **La carrera armamentista** la course aux armements. Haría falta reducir del 15 % la carrera armamentista para cubrir la deuda del tercer mundo. 2) études *(syn. estudios)*. Estudio la carrera de abogado.

**CARRO**

voiture, char. **Carro de asalto** char d'assaut. España reducirá los carros de combate para el desarme de Europa. **Tragar carros y carretas** en voir de toutes les couleurs.

◎ **CARTEL *(syn. letrero, aviso, rótulo)***

affiche, panneau. Los carteles indican la dirección que hay que seguir. **Un cartel publicitario** une affiche publicitaire. **Se prohibe fijar carteles** défense d'afficher. **Tener buen cartel** être bien coté. ➤ FA cartel **cártel**. **El cártel de las izquierdas** le cartel des gauches.

**CARTERA**

1) portefeuille, portefeuille ministériel. Los mismos cambios de cartera acentúan el carácter presidencialista del gobierno. **Cartera de pedidos** carnet de commandes. **Tener un asunto en cartera** avoir une affaire dans ses dossiers. 2) sacoche, porte documents, cartable. El alumno pone sus libros en la cartera.

**CASCO URBANO**

centre ville. Hubo una potente detonación en las afueras del casco urbano.

**CASERO, A**

1) fait maison, de fabrication artisanale. En la granja los policías encontraron una bomba de fabricación casera. 2) d'intérieur. **Una prenda casera** un vêtement d'intérieur.

◎ **CASO**

1) affaire *(syn. asunto)*. El caso se va a abrir de nuevo. 2) cas. Es un caso difícil. **Un caso de conciencia** un cas de conscience. **Un caso de fuerza mayor** un cas de force majeur. **En caso de que** au cas où. **Llegado el caso** le cas échéant. **Hacer caso de** faire cas de, tenir compte de. 3) événement *(syn. suceso, acontecimiento)*. Es un caso extraordinario. **Poner por caso** citer en exemple. **En último caso** en dernier recours. **No viene al caso** cela n'a rien à voir.

**CASTIGADO** ***(syn. sancionado, condenado)***

frappé, puni, sanctionné. El agroalimentario es uno de los sectores más castigados por la furia compradora del exterior. **Castigado por el paro** frappé par le chômage. **Castigar** frapper, punir, châtier *(syn. golpear, sancionar, condenar)*. **Castigo** punition, châtiment.

**CASTRENSE** ***(syn. militar)***

militaire. Las fuerzas castrenses se sublevaron.

◎ **CASUALIDAD** ***(syn. azar, accidente)***

hasard. **Por casualidad** par hasard. No ha ganado por casualidad sino porque era el mejor.

**CATEGORÍA**

1) catégorie. Un hotel de primera categoría. 2) échelon *(syn. grado)*. 3) rang, classe, standing. **La categoría social** le rang social. **Un piso de gran categoría** un appartement de grand standing. Abarcamos un campo del pensamiento humano y lo hacemos con una gran categoría y calidad de publicación.

**CAUDAL**

1) richesse *(syn. riqueza, fortuna)*. **Un hombre de mucho caudal** un homme très riche. **Una caja de caudales** un coffre-fort. 2) abondance, quantité *(syn. abundancia; ant. carencia)*. **Malversación de caudales públicos** détournement de fonds publics.

**CAUTIVERIO** ***(syn. cautividad)***

captivité. Lo dejaron libre tras cinco días de cautiverio. **Cautivar** capturer *(syn. hacer prisionero)*, captiver *(syn. atraer)*. **Captivante** captivant. Es una película cautivante. **Cautivo** captif, prisonnier.

**CAUTO** ***(syn. prudente)***

prudent, circonspect. Es un hombre cauto que siempre reflexiona mucho antes de tomar una decisión.

**CAZA**

1) chasse. **La caza al hombre** la chasse à l'homme. **Cazador** chasseur. 2) avion de chasse. **Piloto de caza** pilote de chasse.

**CELEBRACIÓN**
célébration, déroulement. Con motivo de la celebración del milenario de Cataluña, una serie de actos artísticos fueron preparados. **Celebrarse** avoir lieu, se dérouler. Los Juegos Olímpicos de 1992 se celebraron en Barcelona.

**CENÁCULO**
cénacle, cercle, milieu. Muchos escritores latinoamericanos estuvieron en los cenáculos literarios de París.

**CENSO**
1) recensement *(syn. empadronamiento)*. A estas cifras hay que añadir las que no figuran en el censo. 2) rente *(syn. renta)*. **Censo muerto** rente perpétuelle. 3) gouffre (fig.). Algunos dicen que la construcción del estadio olímpico será un censo. **Censo electoral** corps electoral.

**CENSURA**
censure. **Una moción de censura** une motion de censure. **Voto de censura** un blâme. **Censurar** censurer, critiquer, blâmer. Las dos formaciones habían censurado la política del Gobierno. **Censurador** qui censure, censeur.

**CERCÉN (A)**
ras, à ras. Se cortó el pelo a cercén. La gran catástrofe de la Guerra Civil ha sido que se cortó a cercén una política de educación estupenda. **Cercenar** réduire, diminuer *(syn. reducir)*. **Cercenar los gastos** réduire les dépenses.

◎ **CERRAR**
fermer. **Cerrar con llaves** fermer à clé. **Un cierre** une fermeture. En los fines de semana, a las horas de cierre de los bares cuando existe más peligro para el ciudadano normal que se aventura por las calles de Londres. **El cierre patronal** le lock out. **Cierre de sesión** clôture de séance. **Cierre centralizado de puertas** fermeture centralisée des portes. **Cerradura** serrure.

**CESE (EL)**
1) arrêt, cessation *(syn. cesación, interrupción)*. Un cese de las hostilidades reforzaría los lazos entre los países miembros de la OPEP. 2) révocation d'un fonctionnaire *(syn. despido)*. **Cesante** révoqué, mis à pied. **Dejar cesante** relever de ses fonctions. **Cesar** cesser *(ant. seguir, continuar)*.

**CIFRA**
chiffre. Destacan las cifras de ventas en España, Turquía y Argentina. **Las cifras cantan** les chiffres parlent d'eux mêmes. **Cifrar** chiffrer, évaluer le prix.

**CINTA**
1) bande enregistrée. Tuvo que escuchar varias veces la cinta grabada antes de entender el mensaje. 2) ruban. Una cinta de máquina de escribir.

◎ **CÍRCULOS *(syn. medios)***
cercles, milieux. Es el presidente de un partido bien conocido en los círculos finan cieros madrileños. **En los círculos bien informados** dans les milieux bien informés.

## ◎ CITA

rendez-vous. Los profesionales se preparan para la próxima cita: el festival de San Sebastián. **Quedar citado** avoir rendez-vous. **Darse cita** se donner rendez-vous. **Concertar cita con** prendre rendez-vous avec. **Citar** donner rendez-vous.

## ◎ CIUDAD *(syn. urbe, metrópoli)*

1) ville. **La Ciudad Eterna** la Ville Eternelle. **Ciudad hermana** ville jumelle. **Ciudad hongo** ville-champignon. 2) cité. **Ciudad universitaria** cité universitaire. **Ciudadano** 1) citadin *(syn. vecino, habitante, residente)*. 2) citoyen. **Ciudadanía** 1) citoyenneté. 2) population *(syn. población)*. El Presidente argentino llama a la ciudadanía a secundar su plan de emergencia para combatir la inflación.

## CLÁUSULA

clause. **Cláusula de salvaguardia** clause de sauvegarde. En caso de crisis excepcional, un estado podrá acogerse a una cláusula de salvaguardia durante seis meses.

## ◎ CLAVE *(syn. esencial, capital)*

clé (fig.). Simón Bolívar fue una figura clave del siglo XIX. **Dar en la clave** trouver *(syn. encontrar)*. **Escribir en clave** écrire en code. **La clave del enigma** la clé de l'énigme.

## CLONAR

Clôner. Clonar gente sería meternos en el terreno de la ciencia-ficción. **Clonación** clônage. La clonación animal puede mejorar la ganadería, así como ayudar a combatir enfermedades como la hemofilia. **Clon** clône.

## ◎ COACCIÓN *(syn. obligación)*

contrainte, menace. Los representantes de las sociedades amenazaron con presentar una querella por coacciones contra la sociedad de Enrique Casas. **Coaccionar** contraindre, obliger *(syn. obligar, forzar, amenazar, imponer)*.

## COARTADA *(syn. justificante, prueba)*

preuve, alibi. El acusado proporcionó una coartada sorprendente frente al tribunal. **Coartar** limiter, restreindre *(syn. limitar, restringir)*.

## ◎ COBRAR

1) toucher, gagner (argent) *(syn. ganar)*. Hoy no se encuentra a un director creativo que no cobre más de 20 millones de pesetas al año. 2) percevoir *(syn. percibir)*. Todavía no ha cobrado su sueldo del mes pasado. **Cobro** encaissement, paye *(syn. paga)*, recouvrement *(syn. cobranza)*. **Cobrador** receveur, encaisseur *(syn. recaudador)*. **Recobrar** retrouver, recouvrer. Recobrar la salud. El tiempo recobrado. **Recobro** recouvrement, dédommagement.

## COCHE

voiture. **Coche bomba** voiture piégée. La banda terrorista no dispone del dinero suficiente para comprar explosivos con los que montar los coches bombas. **Cochera** garage, remise.

## CODICIAR *(syn. ambicionar, envidiar)*

convoiter. Las aguas del mar contienen unos cuatro mil millones de toneladas de un codiciado mineral : el uranio. **Codicia** 1) convoitise, cupidité *(syn. ansia)*. **Una mirada**

**de codicia** un regard d'envie, de convoitise. 2) fig. soif *(syn. deseo vehemente)*. **La codicia de poder** la soif de pouvoir. 3) fig. âpreté. **La codicia de ganancia** l'âpreté au gain.

**COFRADÍA** ***(syn. hermandad, compañía, corporación)***
confrérie, association. El Presidente de la federación de cofradías del País Vasco dice que se pedirá calma a los pescadores para que no se repitan los enfrentamientos.

**COHECHO** ***(syn. soborno, corrupción)***
corruption, subornation. Están condenados por los delitos de contrabando y cohecho. **Cohechar** corrompre, suborner.

**COHETE ▶**
fusée. El cohete Ariane. **Transbordador** navette spatiale.

◎ **COINCIDIR EN** ***(syn. estar de acuerdo)***
être d'accord, abonder dans le sens de. Los expertos españoles coinciden en afirmar que el Ejército de Tierra se verá afectado en un proceso de desarme internacional.

**COLAPSAR** ***(syn. paralizar)***
paralyser, entraver. La huelga de controladores puede colapsar el tráfico aéreo en la península.

**COLEGIO**
1) collège, école *(syn. escuela)*. La policía vigilará los colegios para luchar contra la droga. **Colegio de párvulos** école maternelle. 2) corporation *(syn. corporación)*, ordre de professions libérales. Un colegio de abogados. **Colegiarse** se réunir en corporation.

**COLMO**
maximum, comble. **Para colmo** par-dessus le marché. **Para colmo de desgracia** pour comble de malheur. **Colmar** remplir à ras bord, combler. **Colmar de favores** combler de faveurs. **Colmar la medida** dépasser les bornes *(syn. rebasar los límites)*.

**COMARCA**
région. Moredo es un pueblo de Granada situado en la comarca de los Montes Orientales.

**COMETIDO** ***(syn. tarea, misión, labor)***
mission, tâche. Están al servicio de los asuntos públicos y efectúan muy diversos cometidos.

**COMICIO**
consultation électorale.

◎ **COMPARTIR**
1) partager. Comparte su habitación con su hermano. No comparto tu opinión. 2) diviser, répartir *(syn. dividir, distribuir, repartir)*. Compartieron las ganancias entre todos.

◎ **COMPETENCIA**

1) compétence *(syn. incubencia)*. Eso no es de mi competencia. 2) concurrence *(syn. rivalidad)*. Los vinos de Jérez no tienen competencia. **Competencia libre** libre concurrence. **Competencia despiadada, encarnizada** concurrence sans pitié, acharnée. **Competir** rivaliser, concurrencer, faire concurrence *(syn. rivalizar)*. Los explotadores tienen problemas para competir en los mercados dominados por el dólar. **Competidor** concurrent *(syn. concursante)*. **Competido** disputé, difficile. Usted sabe mejor que nadie cómo manejar su empresa en el competido mundo de los negocios. **Competitividad** compétitivité. **Competente** compétent, approprié. No es una medida competente.

**COMPLEJO**

complexe, ensemble. El complejo turístico de Fuenteventura. Complejo industrial.

◎ **COMPONER**

1) **componerse** se composer. La tierra se compone de cinco continentes. 2) réparer, arranger, réconcilier. Componer a dos defensores de tesis opuestas. 3) arriver à un accord *(syn. ponerse de acuerdo)*. **Componérselas** s'arranger, se débrouiller *(syn. arreglárselas)*. **Componente** élément, composant, membre *(syn. elemento, miembro)*. **Componenda** accommodement, arrangement, combine. **Componendas electorales** combines électorales. **Sin componendas** sans concession.

◎ **COMPROBAR** ***(syn. verificar, confirmar, observar)***

vérifier, constater, confirmer. Si se comprueba su eficacia, este sistema se extenderá a otras doscientas salas de cine. **Comprobación** constatation, confirmation, vérification. **Comprobante** probant. **Una comprobante** un ticket d'achat, récépissé *(syn. recibo)*.

◎ **COMPROMETERSE A** ***(syn. prometer)***

s'engager à. Perú se ha comprometido ante la ONU a erradicar los cultivos de coca. **Compromiso** engagement. Los países más pobres verán omitida parte de sus compromisos de pago. **Comprometedor** conpromettant. **Comprometido** engagé.

**CONCEJAL**

conseiller municipal.Trabajan en el equipo del gobierno pero cobran como concejales de segunda clase. **Concejil** municipal (adjectif).

**CONCIENCIA**

conscience. Libertad de conciencia. **En descargo de conciencia** par acquit de conscience. **Tener la conciencia limpia** avoir la conscience tranquille *(ant. tener un peso en la conciencia)*. **Concienciación** prise de conscience *(syn. toma de conciencia)*. Esta medida está destinada a permitir la concienciación del problema. **Concienzudo** consciencieux.

◎ **CONCLUIR**

1) conclure *(syn. acabar)*. 2) déduire *(syn. deducir)*. 3) décider *(syn. determinar)*. **Conclusión** conclusion. **Concluso** conclu, terminé. **Concluyente** concluant. Una prueba concluyente.

◎ **CONCRETAR**

1) matérialiser (un projet), se concrétiser *(syn. materializar)*. Cuando termine el año podremos concretar una ampliación de capital en condiciones muy favorables al accionista. 2) préciser *(syn. precisar)*. Concretar una idea.

**CONCURRIDO** ***(syn. frecuentado)***
très animé, fréquenté. El hombre se abrió paso en una calle concurrida de Ribeira armado con una pistola.

**CONDONACIÓN**
remise de peine, de dette. La declaración económica condiciona la condonación parcial del pago de intereses en la deuda oficial. **Condonar** remettre une peine, une dette.

**CONEXIÓN**
liaison, relation. Con Aeroméxico conexiones directas a México. **Conectar** relier.

**CONFLICTO**
conflit. Conflicto de intereses. **Conflicto laboral** conflit social. **Conflicto bélico** conflit guerrier. El Presidente anunció su disposición a iniciar negociaciones para poner fin al conflicto bélico que asola su país desde hace nueve años.

◎ **CONFORMARSE CON** ***(syn. contentarse, resignarse)***
se conformer à, se contenter de. No se conforma nunca con lo que tiene. **En conformidad con** conformément à. **Conformidad** conformité, résignation.

**CONFORME CON**
1) conforme, pareil *(syn. parecido a, igual a)*. Conforme con el ejemplo. 2) résigné. **Está conforme con su suerte** il est résigné à son sort. **Conforme** 1) lu et approuvé. 2) suivant, selon *(syn. según)*. 3) au fur et à mesure que. Conforme pasan los días aumenta la inquietud de la familia del industrial secuestrado por ETA.

**CONFUNDIR** ***(syn. equivocarse)***
se tromper, confondre. Confundir una persona con otra. **Confundir Roma con Santander** prendre des vessies pour des lanternes. **Confusión** confusion, désordre *(ant. orden)*. La confusión de los poderes.

**CONGELAR**
bloquer, geler. El desarrollo del sector turístico y la distribución del agua del río Jordán son los acuerdos más concretos congelados con Ammán.

**CONGRUENTE** ***(syn. oportuno, conveniente ; ant. inoportuno)***
opportun, convenable. Los políticos son incapaces de construir un orden económico internacional congruente con problemas que amenazan la estabilidad del mundo occidental.

◎ **CONJUNTO**
1) ensemble *(syn. totalidad)*. Las necesidades de base están aseguradas para el conjunto de la población. **Un conjunto urbanístico** un grand ensemble. **En conjunto** dans l'ensemble. **Formar un conjunto** former un tout. 2) réunion *(syn. reunión)*. **Conjunto artístico** réunion artistique.

◎ **CONMOCIONAR** ***(syn. conmover, emocionar, sacudir)***
ébranler, émouvoir, toucher. El secuestro del cónsul alemán conmocionó la opinión pública.

◎ **CONOCER** ***(ant. desconocer)***
connaître. No le gusta venir aquí porque no conoce a nadie. **Dar a conocer** faire connaître. **Conocer de** s'y connaître en *(syn. ser entendido)*. Conoce mucho de historia del arte. **Conocedor** connaisseur, expert. **Conocimiento** connaissance. **Con conocimiento de causa** en connaissance de cause. **Poner en conocimiento de** porter à la connaissance de.

**CONSECUCIÓN** ***(syn. obtención, realización)***
réalisation, obtention. Es un objetivo cuya consecución parece muy comprometida.

◎ **CONSEGUIR** ***(syn. lograr)***
obtenir, atteindre un objectif, réussir à. En los negocios no se consigue lo que se merece, se consigue lo que se negocia (Pub Karrass). **Conseguir la mayoría** recueillir la majorité des voix. **Dar por conseguido** tenir pour acquis.

**CONSENSO** ***(syn. consentimiento, acuerdo)***
consensus, consentement. Todavia no hay un consenso político entre el Ministerio de Economía y el Banco de España.

**CONSENTIR** ***(syn. permitir, tolerar)***
consentir, tolérer, admettre. No pudo consentir perder la elección y se suicidó.

**CONSIGNA**
1) consigne, mot d'ordre. Observar la consigna. 2) consigne dépôt. Depositó su maleta en la consigna. **Consignación** dépôt d'argent, allocation de crédit. **Consignar** consigner, allouer.

◎ **CONSUMIR**
consommer. La mayoría de los toxicómanos consumen varios tipos de drogas. **Consumo** consommation. La sociedad de consumo. **Consumidor** consommateur. Una reunión de consumidores.

◎ **CONTAMINACIÓN**
pollution. La contaminación del medio ambiente. **Contaminar** polluer. **Contaminado** pollué. Las playas contaminadas son cada vez más numerosas.

**CONTEMPLAR**
1) considérer, envisager *(syn. considerar)*. El delito de homicidio no es contemplado por el código penal militar. 2) contempler *(syn. observar, mirar)*. **Contemplación** contemplation, ménagement, égards *(syn. miramientos)*.

**CONTENCIÓN** ***(syn. mantenimiento)***
maintien, conservation. La contención del déficit público.

◎ **CONTRAER**
1) contracter *(syn. contagiarse)*. Contrajo el virus durante su viaje a Africa del sur. 2) s'endetter *(syn. endeudarse)*. Ha contraído deudas enormes. 3) se marier. Contraer matrimonio *(syn. casarse ; ant. divorciarse)*.

**CONTRAPRODUCENTE** ***(syn. desfavorable; ant. adecuado)***
contre-indiqué, qui produit l'effet inverse. Se considera contraproducente para la economía mundial una excesiva fluctuación de los tipos de cambio.

**CONTRATACIÓN**
1) contrat *(syn. contrato)*. 2) embauche *(syn. empleo, colocación; ant. despido)*. Se deja la contratación del personal a otras empresas más especializadas. **Contratar** embaucher *(syn. emplear)*. Contrataron a más de 50 hombres para efectuar esas obras.

**CONTRATO** ***(syn. acuerdo, convenio)***
contrat. Para una modificación de este tipo habría sido necesario reformar el contrato. **Contrato de duración determinada** contrat à durée déterminée. **Contratar** passer un accord avec, embaucher.

**CONTRIBUYENTE**
contribuable. El Ministerio espera hasta medio millón de reclamaciones de los contribuyentes. **Contribución** contribution, impôt. **Contribuir** contribuer, payer ses impôts.

**CONTUMAZ** ***(syn. obstinado, persistente)***
opiniâtre, tenace. Una persona contumaz en sus opiniones. ➤ FA contumace **contumacia**. **Condenar por contumacia** condamner par contumace.

**CONTUNDENTE** ***(syn. definitivo, categórico, decisivo)***
formel, de poids, décisif, catégorique. Contestó de manera contundente. **Una medida contundente** une mesure draconienne. **El resultado fue contundente** le résultat a été à la hauteur. **Contundencia** poids. Su respuesta no tiene contundencia.

◎ **CONVENIO** ***(syn. tratado, acuerdo, contrato)***
accord, convention. El nuevo convenio bilateral con los EE.UU no podrá firmarse por lo menos hasta finales de julio. **Convenio colectivo** une convention collective. **Convenir** se mettre d'accord, débattre. **Sueldo a convenir** salaire à débattre.

**CONVIVIR**
cœxister, cohabiter. Convivió durante más de diez años con una actriz alemana. **Convivencia** cohabitation, vie en commun.

◎ **CONVOCAR**
déclencher, provoquer (grève, élections). El Primer Ministro convocó elecciones para el 21 de noviembre. **Convocatoria** convocation, session. **La convocatoria de primavera** la session de printemps.

◎ **CORRER**
courir. **Correr un riesgo** courir un risque. Diez millones de francos corren el riesgo de quedar a disposición del estado. **Corre la voz de que** le bruit court que. **Correr paralelo** aller de pair *(syn. ir de par)*. **A todo correr** à toute vitesse.

**CORRESPONSAL** ***(syn. periodista, enviado, reportero)***
correspondant, journaliste, envoyé. Nuestro corresponsal murió durante un bombardeo del barrio judío.

**CORRIENTE (LA)**
le courant. Se manifestaron dos corrientes netamente diferenciadas durante la reunión. **Ir contra la corriente** remonter le courant. **Llevar la corriente** ne pas contrarier, aller dans le même sens.

◎ **CORTAR**
1) couper. **Cortar la palabra** couper la parole. Le cortaron la palabra varias veces durante el debate. **Cortar a raíz** couper à la racine. **Cortar por lo sano** trancher dans le vif. 2) mettre fin *(syn. acabar con)*. Hay que cortar con la actual situación. **Corte** coupure. Los habitantes de Brunete protestan contra los continuos cortes de agua.

**COSECHA**
1) récolte *(syn. recogida, recolección)*. Muchos se temen que la cosecha del siglo que se esperaba acabe en fiasco histórico. 2) abondance *(syn. abundancia, profusión)*. **Cosecha de datos** abondance de données. **Cosechadora** moissonneuse lieuse. **Cosechar** moissonner, récolter.

◎ **COSTE** ***(syn. costo)***
coût. El golf es un deporte cuyo coste sigue elevado. **El coste de la vida** le coût de la vie. **Precio de coste** prix de revient. **Costoso** coûteux. Son mercancías costosas que cualquiera no puede pagarse. **Costear** payer, financer *(syn. financiar)*.

**COTIZACIÓN** ***(syn. tasación, precio, coste, valor)***
cote, cours, cotisation. Hay un debate para saber si las cotizaciones deben bajarse o tienen que ser aumentadas. **Cotizaciones mundiales** les cours mondiaux. **Cotizarse** être coté en bourse. Los títulos de la deuda externa argentina se cotizaban a 17 centavos de dólares en los mercados internacionales. **Cotizante** cotisant. **Cotar** coter.

◎ **COYUNTURA**
1) conjoncture *(syn. situación, circunstancia)*. De repente la coyuntura cambió. 2) occasion *(syn. oportunidad)*. Una buena coyuntura.

◎ **CRECER**
1) croître, pousser. Es una planta que sólo crece en los países tropicales. **Crecer como (la) espuma** pousser comme des champignons. Cinemex creció como espuma atacando casi exclusivamente la ciudad de México. 2) augmenter *(syn. aumentar)*. Su miedo creció antes del espectáculo. **Crecimiento** croissance. Es una economía que roza el crecimiento cero. **Creces** avantages *(syn. ventajas)*, intérêts *(syn. intereses)*. **Con creces** largement. **Devolver con creces** rendre au centuple. **Crecido** important, considérable *(syn. importante)*. Una cantidad crecida. **Creciente** croissant, en augmentation.

**CRUDO(S)**
pétrole brut.

**CUANTÍA** ***(syn. cantidad)***
quantité, montant. La cuantía de la pensión se calculará teniendo en cuenta toda la vida laboral del trabajador. **Cuantioso** considérable, élevé, innombrable *(syn. abundante, considerable; ant. reducido)*.

**CUANTO ANTES**
dès que possible. Todos desean que esta locura termine cuanto antes.

**CUARTELES**

1) quartiers. **El cuartel general** le quartier général. 2) caserne. Los cuarteles de bomberos recibieron muchas llamadas durante toda la noche. **Sin cuartel** sans merci.

◎ **CUENTA**

1) compte. Maquilla sus cuentas para poder ganar más dinero. **Cuenta corriente** compte courant. Es una costumbre gracias a la cual centenares de personas han engrosado su cuenta corriente. **La cuenta regresiva** le compte à rebours. 2) note, addition. **Darse cuenta de que** se rendre compte que. Al momento de pagar la cuenta se dio cuenta de que no llevaba dinero. **En resumidas cuentas** en bref.

**CUESTIÓN**

question, problème. **Una cuestión candente** une question brûlante. **Cuestión de confianza** question de confiance. **Es cuestión de un día** c'est l'affaire d'une journée. **Cuestionar** mettre en cause, mettre en question. Durante una crisis de emergencia, a nadie le gusta cuestionar al líder. ➤ FA poser une question **hacer una pregunta.**

**CULMINAR**

aboutir, avoir pour couronnement, culminer. La reunión culminó con un acuerdo firmado por todos los países presentes. **Culminación** aboutissement, couronnement. El Premio Nobel fue la culminación de su carrera de escritor.

**CUMBRE**

sommet, conférence au sommet. **La cumbre de la gloria** l'apogée de la gloire.

◎ **CUMPLIR**

1) accomplir, obéir *(syn. ejecutar, obedecer)*. Cumplieron las órdenes sin rechistar. 2) réaliser *(syn. realizar)*. Cumplió con su sueño: ver al cantante M. Jackson. **Cumplir con su deber** accomplir son devoir. **Cumplir una condena** purger une peine. Fue liberado antes de haber cumplido la totalidad de su pena. **Cumplir con sus compromisos** tenir ses engagements. **Cumplimiento** acomplissement, exécution.

**CUNDIR**

1) se répandre, se propager, courir (bruit) *(syn. propagarse)*. Cunde el rumor de que está a punto de vender sus acciones. 2) progresser, avancer. Su obra cunde rápidamente.

**CUÑO**

empreinte, marque *(syn. sello, marca)*. Reagan ha dejado el cuño de su optimismo frente a la enfermedad.

◎ **CUOTA**

1) quote part, quota, part *(syn. cupo)*. Pagar su cuota. Las cuotas de producción europea de acero. **Una cuota del mercado** une part du marché. **Fijar una cuota** ou **un cupo** fixer un contingent. **Venta por cuotas** vente à tempérament. 2) dépenses *(syn. gastos)*. Las cuotas de reparación del coche.

**CÚPULA**

coupole, haute sphère, les chefs. El Ministerio de Interior anunció ayer el reinicio del diálogo con la cúpula de ETA.

# CH

**◎ CHABOLAS**
bidonvilles. On dit «ciudades perdidas» au Mexique et «villas miserias» en Argentine. **Chabolismo** le problème des bidonvilles. Nada permite esperar el fin del chabolismo en el Perú.

**CHAPUZA**
1) petit boulot. Efectúa chapuzas para sobrevivir. **Curro, tajo** boulot. **Currear** bosser, bricoler *(syn. currar)*. 2) bricolage. **Chapucero** bricoleur. **Chapucear un trabajo** bâcler un travail.

**CHARLA** ***(syn. discusión, conversación)***
causerie, discussion. Esto lo dijo él mismo en una charla en la Asociación Americana de Agencias de publicidad. **Charlar** bavarder. **Charlatán** bavard, imposteur.

**◎ CHEQUEO**
1) bilan de santé *(syn. examen médico)*, contrôle, vérification *(syn. verificación)*. El Ministro de Justicia impuso el chequeo obligatorio para los grupos de riesgo.

**CHINAS** ***(syn. obstáculos)***
obstacles, tracasseries. **Poner chinas** mettre des bâtons dans les roues. Denunció las chinas que le ponen en su camino.

**CHINO**
1) chinois. **Eso es chino para mí** c'est de l'hébreu pour moi. 2) indien, métis, mûlatre. **Trabajar como un chino** travailler comme un nègre. **Un cuento chino** une histoire à dormir debout.

**CHIVO EXPIATORIO ▸**
bouc émissaire. Actuando como el chivo expiatorio, no denunció al resto de la compañía de aquella noche del crimen.

**CHOCOLATE**
1) chocolat. **Pastilla de chocolate** tablette de chocolat. **Economías del chocolate del loro** des économies de bouts de chandelle.
2) hashish. Hoy son muy raros los jóvenes que nunca han probado el chocolate.

**CHORIZO**
loubard. Tiene miedo a salir por la noche porque el barrio está lleno de chorizos.

# D

**◎ DAMNIFICADO *(syn. perjudicado, víctima)***

sinistré. Después del terremoto, miles de jóvenes socorrieron a los damnificados. **Damnificar** endommager *(syn. dañar).*

**◎ DAÑAR *(syn. deteriorar, damnificar)***

endommager. La inundación ha dañado parte de las construcciones. **Daño** dégât, dommage. Los daños afectaron seriamente la economía de la isla. **Daños y perjuicios** dommages et intérêts. **Dañable** nuisible *(syn. perjudicial).*

**◎ DAR**

1) donner. Dar noticias, un consejo, un trabajo. Los Juegos Olímpicos dieron trabajo a miles de obreros en Barcelona. 2) accorder *(syn. conceder).* Le han dado permiso para empezar sus obras. 3) faire *(syn. hacer).* Dar los primeros pasos. 4) faire, causer *(syn. causar).* **Dar lástima** faire pitié. Las lágrimas del niño daban lástima. 5) passer (un film). Hoy dan «Carmen» de Carlos Saura. 6) pousser (un cri...). **Dar la voz de alarma** pousser un cri d'alarme. 7) sonner. El reloj da las cuatro. **Dar una campanada** faire un scandale.

**DAR A**

donner sur. El Palacio Real da a un magnífico jardín. **Dar a entender** laisser entendre. **Dar a conocer** faire savoir. **Dar a luz** donner naissance.

**DAR CON**

trouver par hasard, tomber sur quelqu'un ou quelque chose. Dar con una solución.

**DAR DE**

1) donner à. Le di de comer porque tenía hambre. 2) frapper (à coups de...). El ciego le dio de palos a Lazarillo. **Dar de lado** laisser tomber quelqu'un, laisser quelque chose de côté.

8

**DAR EN**

1) comprendre *(syn. entender).* Dio en mi chiste. 2) **dar en blando** ne pas rencontrer de difficultés *(ant. dar en duro).* 3) **dar en el blanco** mettre dans le mille, tomber juste. Mi padre dio en el blanco cuando me ofreció este libro. 4) **dar en una trampa** tomber dans un piège.

**◎ DAR + nom**

**Dar cita** donner rendez-vous. **Dar cuenta de** faire part de. **Dar la enhorabuena** féliciter. **Dar fe** faire foi. La carta da fe de su buena voluntad. **Dar la cara** faire face. **Dar la razón a** donner raison à. **Dar largas a un asunto** faire traîner une affaire. **Dar oídos** prêter l'oreille. **Dar paso** ouvrir la voie *(syn. acarrear).* Su declaración ha dado paso a futuras negociaciones. **Dar el relevo** passer la relève. González dio el relevo a Aznar. **Dar salida** trouver un débouché. **Dar testimonio** porter témoignage. **Dar vueltas a un asunto** retourner un problème dans tous les sens.

◎ **DAR POR**

1) donner pour, considérer. Después del accidente fue dado por muerto. 2) se mettre à. Se le ha dado por trabajar.

**DAR QUE**

**Dar que hablar** faire parler de soi, faire couler de l'encre. Este caso todavía dará mucho que hablar. **Dar que hacer** donner du fil à retordre. **Dar que reír** prêter à rire.

◎ **DARSE**

**Darse cuenta de que** se rendre compte de. **Darse por aludido** se sentir visé. **Darse por contento** s'estimer heureux. **Darse por enterado** se le tenir pour dit. **Darse por vencido** s'avouer vaincu.

◎ **DATOS**

1) données. Los datos de un problema. **Proceso de datos** traîtement des données. **Base de datos** base de données. 2) renseignements *(syn. informaciones)*. No teníamos los datos necesarios para actuar.

◎ **DEBILITAR** ***(ant. robustecer)***

affaiblir. Para que el partido se debilitara de veras sería precisa una división interna. **Debilitado** affaibli *(syn. decaído)*. Quedó muy debilitado después de su operación. **Debilitamiento** affaiblissement, repli. El debilitamiento de las cotizaciones en Bolsa. **Debilidad** faiblesse. **Caerse de debilidad** tomber d'inanition.

**DÉCADA** ***(syn. decenio)***

décennie. La cifra de emigrantes ascendería a 382 000 en la década próxima.

◎ **DECAER**

1) tomber en déchéance, dépérir *(syn. ir a menos)*. Su comercio decae. 2) décliner *(syn. declinar)*. Mis fuerzas decaen, no puedo ir más lejos. 3) baisser, diminuer *(syn. disminuir)*. A partir de las doce de la noche, la animación decayó y la fiesta ya no fue tan divertida. **Decaído** déchu, abattu *(syn. desalentado)*, peu animé. **Decaimiento** décadence, déchéance, abattement *(syn. desaliento)*, affaiblissement *(syn. debilitamiento)*.

**DECENA**

dizaine. El terremoto produjo decenas de víctimas en Armenia. **Docena** douzaine.

◎ **DECIDIR**

1) décider. Decidió marcharse de casa. 2) convaincre *(syn. convencer)*. No lograron decidirle a acompañarles. **Decisivo** décisif. **Decisión** décision. **Una decisión desafortunada** une décision malheureuse, regrettable.

**DECORO** ***(syn. respeto)***

respect, dignité, décence. Es una persona sin decoro. **Guardarle el decoro a uno** respecter quelqu'un. ➤ FA décor **decorado**, décorer **decorar.**

◎ **DEDICARSE A**

se consacrer à. Se dedica a aprender cine para poder más tarde dedicarse a filmar sus propias películas. **Dedicar atención a** accorder son attention. Les pido que dediquen atención a mis palabras. **Dedicatoria** dédicace. Tengo un libro de Márquez con una dedicatoria. **Un trabajo de dedicación exclusiva** un travail à plein temps.

◎ **DEFENDER**

défendre. El secretario de estado para el deporte se fue a Cádiz para defender al deportista español. **Defensor** défenseur. **Defensor del pueblo** médiateur. **Defensa** défense. **Defendible** défendable. **Defensivo** défensif. **Estar a la defensiva** être sur la défensive.

**DEFRAUDAR**

1) tromper, frauder (le fisc). Le pusieron una multa por haber defraudado el fisco. 2) décevoir *(syn. decepcionar)*. Tu actitud me ha defraudado mucho.

◎ **DEJAR**

1) laisser. ¡Déjame tranquilo que estoy trabajando! **Dejar aparte** laisser de côté. **Dejar atrás** laisser en arrière, distancer. Empecé con él pero me dejó atrás rápidamente. **Dejarle tiempo al tiempo** laisser faire le temps. 2) quitter, abandonner *(syn. abandonar)*. Dejó la competición a los 30 años. **Dejar un empleo** quitter sa place. 3) rapporter (pour un gain). Un negocio que no deja mucho dinero. 4) se faire + infinitif. **Dejarse rogar** se faire prier. **Dejar a salvo** sauvegarder, préserver *(syn. salvaguardar)*. Los revolucionarios no dejaron a salvo ni una iglesia. **Dejar bien claro** affirmer bien haut. **Dejar que** permettre *(syn. permitir)*. ¡Déjenles que vengan!

**DEJAR DE**

cesser, arrêter. Dejar de hablar. **Dejar de cuenta** laisser pour compte. **No dejar de** 1) ne pas manquer de. No dejan de extrañarme las líneas de Nazca. 2) ne pas oublier. No dejes de llamarme cuando llegues. 3) ne pas cesser. El bebé no dejó de llorar en toda la noche.

**DELFÍN**

dauphin (pr. ou fig.). El Presidente trata de paliar la imagen de blando que tiene su delfín.

◎ **DEMANDA**

1) demande. **La ley de la oferta y de la demanda** la loi de l'offre et de la demande. 2) requête *(syn. petición, solicitud)*. 3) recherche *(syn. busca)*. **Ir en demanda de una persona** aller à la recherche de quelqu'un. 4) commande *(syn. pedido)*. La demanda de papel de máquina de escribir ha sido importante este mes. **Formular una demanda contra uno** poursuivre quelqu'un en justice. **Demandante de empleo** demandeur d'emploi.

**DEMOCRISTIANO**

démocrate chrétien. El líder democristiano chileno hizo algunas declaraciones al periódico «YA».

**DEMORA** ***(syn. retraso, tardanza, lentitud)***

retard, sursis, délai. No se justifica tanta demora en entregar la mercancía. **Intereses de demora** intérêts d'arriérés. **Demorarse** avoir du retard, tarder *(syn. retrasarse)*. **Demorar** remettre à plus tard *(syn. aplazar)*. Demoró su pago porque no tenía bastante dinero.

◉ **DENUNCIAR**

1) dénoncer. Los partidos de oposición denuncian esta práctica carente de ética del gobierno de González. 2) accuser *(syn. acusar)*. Lo denunciaron como autor del robo de los documentos. 3) révéler *(syn. revelar)*. Nunca denunció mi secreto. **Denuncia** plainte. **Denuncia de multa** procès verbal. **Denunciante** dénonciateur *(syn. denunciador)*.

**DEPAUPERACIÓN** ***(syn. empobrecimiento; ant.enriquecimiento)***

appauvrissement. Es de notar la depauperación de la población en estas regiones. **Depauperar** appauvrir *(syn. empobrecer)*, affaiblir *(syn. debilitar)*.

◉ **DEPORTISTA**

sportif (nom).Todos los deportistas se sometieron al control medical. **Deportivo** sportif (adjectif). Participar en competiciones deportivas. **Un coche deportivo** une voiture de sport. **Deporte** sport. **Los deportes de invierno** les sports d' hiver.

**DERRIBAR**

1) démolir *(syn. derrumbar, tumbar; ant. levantar, construir)*. Derrumbaron todos los viejos edificios para construir rascacielos. 2) abattre *(syn. abatir)*. 3) renverser *(syn. derrocar)*. **Derribar un gobierno** renverser un gouvernement. **Derribo** démolition, abattement, renversement.

◉ **DERROCAR**

renverser, faire tomber. El 7 de febrero de 1986, en Haití, fue derrocado el dictador Baby Doc. **Derrocamiento** renversement.

**DERROCHE** ***(syn. despilfarro)***

gaspillage. Hay que acabar con el derroche de energía. **Derrochar** gaspiller *(syn. despilfarrar, malgastar; ant. ahorrar)*.

◉ **DERROTAR**

1) battre, vaincre *(syn. vencer)*. Fue derrotado por el candidato liberal en las últimas elecciones. 2) mettre en déroute. Los Españoles fueron derrotados por el ejército inglés. **Derrota** défaite, échec *(syn. fracaso)*. **Derrotismo** défaitisme. **Derrotista** défaitiste.

◉ **DERRUMBAMIENTO**

1) renversement *(syn. derribo, derrocamiento)*. Desde el derrumbamiento de la democracia los problemas se plantean a propósito de las libertades individuales. 2) effondrement *(syn. caída)*. El derrumbamiento de los precios de las materias primas. **Derrumbar** crouler, renverser, abattre. **Derrumbe** éboulement, écroulement.

**DESACTIVAR**

désamorcer. Los policías no lograron desactivar la bomba antes de que estallara. **Desactivo** désamorçage.

**DESAFÍO** ***(syn. reto)***

défi. Su posición en el golfo de Finlandia constituye un gran desafío a los elementos climatológicos adversos. **Desafiar** lancer un défi *(syn. provocar)*, défier, braver *(syn. bravar)*.

**DESAFORADO**
1) démesuré, effréné, frénétique *(syn. excesivo, frenético)*. Está cansado y quiere huir ese ambiente desaforado. 2) épouvantable. Un grito desaforado.

**DESAFUERO**
1) violation (loi, usages) *(syn. violación)*. Algunos países de América Latina son muy conocidos por su desafuero de las leyes. 2) excès, abus *(syn. abuso)*.

**DESAIRAR *(syn. desdeñar, despreciar)***
dédaigner, mépriser, repousser. La oposición desairó la propuesta de negociación del Ministro. **Resultar desairado** se solder par un échec. La huelga resultó desairada. **Situación desairada** situation gênante.

**DESAJUSTAR**
1) déranger (des plans). Mis planes fueron desajustados por su llegada. 2) se dédire *(syn. romper un contrato)*. **Desajuste** rupture (accord, contrat).

**DESAMPARAR *(syn. dejar)***
1) quitter. Desamparó su pueblo para ir a la ciudad. 2) abandonner, délaisser *(ant. amparar, proteger)*. La madre fue condenada porque desamparaba a sus niños. **Desamparo** abandon, délaissement *(syn. abandono)*.

◎ **DESANIMAR *(syn. desalentar ; ant. animar, fomentar)***
décourager. La baja de la demanda desanima las inversiones. **Desánimo** découragement *(syn. desaliento)*, abattement *(syn. abatimiento)*.

**DESAPARECER**
disparaître. **Desaparecidos** terme argentin appliqué à ceux que la dictadure militaire a fait «disparaître» avant l'élection de Raúl Alfonsín ; le terme a également été appliqué aux «disparus» du Chili sous Pinochet. Las familias de los desaparecidos pidieron una investigación. **Desaparición** disparition.

◎ **DESARME**
1) désarmement. Los misiles alemanes ya no son un obstáculo en el camino del desarme. 2) désamorçage *(syn. desactivado)*. El desarme de una bomba. **Desarmable** démontable, désarmant. **Desarmar** désamorcer *(syn. desactivar)*. El discurso del rey desarmó la crisis.

**DESARTICULAR**
1) démanteler. **Desarticular una red** démanteler un réseau. 2) démembrer. **Desarticular un partido** démembrer un parti. **Desarticulación** désarticulation, démembrement.

**DESATAR**
détacher, défaire, dénouer. Le desataron las manos para que bebiera. **Desatarse** se déchaîner, éclater. A partir de 1992 se desató una feroz competencia entre empresas importantes. **Desatarse en amenazas** se répandre en menaces.

**DESATENDIDO**
déshérité. Este gitano vive en el barrio más desatendido de la ciudad. **Desatender** ne pas prêter attention à, négliger *(syn. descuidar de)*, opposer un refus *(syn. negar)*.

**DESAVENENCIA** ***(syn. desacuerdo)***

désaccord, mésentente, divergence *(syn. divergencia)*. Se habló de desacuerdos entre la actriz y la Paramount y hasta de desavenencias.

**DESBANDERARSE**

1) s'enfuir en désordre. Los soldados se desbanderaron. 2) se disperser *(syn. dispersarse)*. Los manifestantes se desbanderaron sin incidente.

**DESBARATAR**

1) gaspiller *(syn. malgastar)*. 2) mettre en déroute. El aspirante desbarató al campeón. 3) parler à tort et à travers *(syn. disparatar)*.

**DESBORDAMIENTO**

débordement (fleuve, enthousiasme). Hubo desbordamientos de alegría después de la victoria del partido progresista. **Desbordar** déborder, s'emporter, s'exalter *(syn. exaltarse)*.

**DESCALABRO** ***(syn. fracaso, desastre; ant. éxito)***

échec, désastre. La conferencia sobre zonas desnuclearizadas sufrió ayer un descalabro al anunciar su retirada el representante sueco.

**DESCANSO**

1) repos. Tomar descanso. **El descanso semanal** le repos hebdomadaire. **Sin descanso** sans répit. 2) pause, interclasse, mi-temps, entracte. Iremos a tomar una bebida durante el descanso.

**DESCARRILAMIENTO**

déraillement. La alta velocidad es la causa del descarrilamiento de un tren en Asturias. **Descarrilar** dérailler.

**DESCARTAR**

écarter, éliminer, rejeter. El Ministro español descartó la imposición del certificado de sanidad a la entrada del territorio español.

◎ **DESCENSO**

diminution, réduction, baisse *(syn. disminución, baja)*. Las bolsas acogen con nuevos descensos los acuerdos del G-7 para evitar la recesión mundial. **Descenso de los tipos de interés, de los precios del petróleo, del dólar** baisse des taux d'interêt, des prix du pétrole, du dollar.

**DESCONFIAR DE** ***(syn. no fiarse de)***

se méfier de. De los hombres se desconfía mucho más que de las mujeres porque siempre se ha asociado la profesión de detective privado al hombre. **¡Desconfíe!** attention ! **¡Desconfíe de las imitaciones!** méfiez-vous des imitations !

◎ **DESCONOCER**

1) ne pas connaître, ignorer *(ant. conocer)*. En otras latitudes se desconoce esta institución social. 2) méconnaître. Se trata de una nueva enfermedad desconocida. **Desconocido** inconnu, méconnu. **Lo desconocido** l'inconnu.

◎ **DESCONTENTO ▶**
mécontent, mécontentement. El alza del precio de la carne estuvo al origen de un profundo descontento en Polonia.

**DESCONVOCAR** ***(syn. cancelar)***
annuler. Los controladores aéreos decidieron desconvocar la huelga que tenían prevista.

◎ **DESCUENTO**
1) escompte. **Tasa de descuento** taux d'escompte.
2) retenue. **Un descuento del salario** une retenue sur le salaire. 3) remise, ristourne.

**DESCUIDO** ***(ant. vigilancia, atención)***
négligence, inattention. **Un momento de descuido** un moment d'inattention. **En un descuido** au moment le plus inattendu. En un descuido los rehenes fueron liberados.

**DESDICHA** ***(syn. desgracia ; ant. felicidad)***
malheur. Nunca entenderemos la desdicha de los que sufren de la guerra. **Para colmo de desdicha** pour comble de malheur. **Desdichado** malheureux *(syn. infeliz, ant. feliz).*

**DESECHAR**
rejeter, refuser. Los terroristas de ETA parecen haber desechado su antiguo objetivo. **Desechos** déchets, résidus. **Desechos radioactivos** déchets radioactifs. La situación ecológica de la península es preocupante a causa de los desechos industriales.

◎ **DESENCADENAR**
déclencher, déchaîner. Una lucha se desencadenó en el interior de la comisión parlamentaria.

◎ **DESENLACE**
dénouement. El desenlace de la guerra civil hizo imposible la aplicación de la reforma agraria. **Desenlazar** dénouer, résoudre.

◎ **DESEO** ***(syn. aspiración)***
désir, vœu. Nuestro mayor deseo es mantener buenas relaciones con todos nuestros vecinos. **Desear** désirer, souhaiter.

**DESGASTE**
usure. **Guerra de desgaste** guerre d'usure. **El desgaste del poder** l'usure du pouvoir. En los sondeos de opinión aparece el desgaste del gobierno.

**DESGOBIERNO**
mauvaise administration, mauvais gouvernement. La oposición acusa al Primer Ministro de desgobierno.

**DESHACER**
1) défaire *(syn. destruir)*. ¿Por qué deshiciste lo que había hecho? 2) déjouer. **Deshacer una conspiración** déjouer un complot. **Hacer y deshacer** faire la loi. Soy yo quien hago y deshago ¿está claro? preguntó el jefe a sus compadres.

**DESHACERSE**

1) se défaire, se débarrasser. Me deshice de todas mis antiguas corbatas. 2) s'éreinter, se mettre en quatre. El embajador se deshizo para que el diálogo pudiera reanudarse. **Deshacerse en excusas** se confondre en excuses. **Estar deshecho** être dans tous ses états, anéanti.

**DESHIELO**

dégel, détente. El deshielo después de la guerra fría. **Helar** geler *(syn. congelar).* **Crédito congelado** crédit gelé.

◎ **DESIGUALDAD** ***(ant. igualdad)***

inégalité, disparité. Es de notar la desigualdad entre los salarios de los hombres y de las mujeres.

**DESLINDAR**

délimiter. **Deslindar un problema** poser un problème en termes précis.

**DESLUCIR** ***(syn. desacreditar ; ant. acreditar)***

discréditer. La intervención de la policía puso fin a un espectáculo lamentable que deslució un partido que se había jugado de manera correcta.

**DESMÁN** ***(syn. exceso, abuso)***

excès, abus. Había cometido tantos desmanes que casi todos se alegraron cuando fue derribado.

**DESMANTELAMIENTO** ***(ant. instalación)***

démantèlement. Se habla mucho en Rusia del desmantelamiento del armamento tradicional. **Desmantelar** démanteler *(ant. instalar).*

**DESMENTIR** ***(ant. confirmar)***

démentir, contredire. El bagaje económico que el Primer Ministro japonés ha exhibido recientemente desmiente a los que hablan de la decadencia japonesa. **Un mentis** un démenti.

**DESOÍR** ***(ant. tomar en cuenta)***

ne pas tenir compte de. Desoía las voces que le pedían que volviera a la residencia.

◎ **DESPEDIR**

1) licencier, renvoyer, congédier. Hay que despedir a las personas conflictivas y decir las cosas a la cara. 2) accompagner *(syn. acompañar).* Su madre le ha despedido a la escuela. **Despido** licenciement, renvoi. En España se habla de reducir el coste del despido al nivel del de los demás países europeos.

**DESPEDIRSE**

1) prendre congé, faire ses adieux. **Despedirse a la francesa** filer à l'anglaise. 2) renoncer, faire son deuil de. Me puedo despedir del dinero que les había prestado.

**DESPEGUE**

décollage, envol. **Pista de despegue** piste de décollage. Los vinos y quesos de Castilla y León son los alimentos sobre los que se pretende basar el despegue industrial de la comunidad autónoma. **Despegar** décoller.

**DESPLEGAR**
1) déplier, déployer. La bandera española fue desplegada en los Campos Elíseos. Los dirigentes se habían reservado el derecho de conservar o desplegar en Asia cien cabezas nucleares. 2) montrer, faire preuve de *(syn. demostrar, manifestar)*. Desplegaron tal ánimo que todos quedaron sorprendidos. **Despliegue** déploiement. Se piensa que el despliegue de la fuerza multinacional puede empezar dentro de una o dos semanas. Un despliegue de fuerzas aéreas.

**DESPLOME** ***(syn. caída)***
écroulement, effondrement. En este sector destaca el desplome de los salarios. **El desplome de las cotizaciones** l'effondrement des cours.

**DESQUITE** ***(syn. revancha)***
revanche. Inventar es a menudo tomarse desquites contra la vida que nos cuesta vivir. **Tomar un desquite** prendre une revanche *(syn. desquitar)*.

◎ **DESTACAR**
1) détacher, mettre en relief *(syn. poner de relieve)*. 2) distinguer, remarquer. **Destacado** remarquable, notoire *(syn. notable)*. Gabriel García Márquez constituye una de las figuras más destacadas de las letras latinoamericanas.

◎ **DESTERRADO** ***(syn. exiliado)***
exilé, banni. Hace sólo una década, la palabra «despido» estaba desterrada del vocabulario socialista. **Destierro** exil, bannissement. El destierro deTrotsky a México es uno de los más famosos.

◎ **DESTROZAR** ***(syn. estropear)***
détruire, abîmer. Está comprobado que tomar demasiado sol destroza la piel. **Destrozarse trabajando** se tuer à la tâche.

◎ **DESTRUIR** ***(syn. aniquilar, devastar)***
détruire, anéantir. Las guerras napoleónicas destruyeron miles de pueblos en Europa.

**DESUSO** ***(ant. moda)***
désuétude. **Caer en desuso** tomber en désuétude. Muchas costumbres populares se van cayendo en desuso.

◎ **DESVIAR**
dévier, détourner, dérouter. Los piratas desviaron el avión hacia Líbano. **Desvío** détournement. **Desvío de fondos** détournement de fonds.

◎ **DETALLE**
détail. Me dio miles de detalles a propósito de su aventura. **Al detalle** au détail. **Meterse en detalles** entrer dans les détails. **Detallista** détaillant.

**DETENCIÓN**
1) arrêt. La detención de las negociaciones. 2) détention. Fue condenado a dos años de detención. 3) attention, soin *(syn. atención, cuidado)*. Examinar con detención.

◎ **DETENER**
arrêter *(syn. mantener preso).* Nelson Mandela fue detenido unos veinticinco años. **Detenido** 1) détenu, prisonnier. 2) minutieux, approfondi *(syn. minucioso).* **Un estudio detenido** une étude approfondie.

**DETENERSE**
1) s'arrêter *(syn. pararse).* El coche se detuvo un cuarto de hora. 2) s'attarder *(syn. estar mucho tiempo).* Me detuve en casa de mi abuela.

◎ **DEUDA**
dette. La deuda conjunta de América Latina con la Banca Internacional asciende a 360 000 millones de dólares. **Deuda pública** dette publique. **Lo prometido es deuda** chose promise, chose due.

**DEVALUACIÓN *(ant. revaluación)***
dévaluation. La devaluación del franco. **Devaluar** dévaluer.

◎ **DEVOLUCIÓN**
remboursement *(syn. reembolso).* Este proceso de devolución supone un arduo trabajo de la Administración. Devolver 1) rendre, restituer *(syn. restituir).* **Devolver bien por mal** rendre le bien pour le mal. **Devolver la palabra a alguien** rendre la parole à quelqu'un. 2) rembourser *(syn. reembolsar).* Dicen que Perú nunca podrá devolver su deuda.

◎ **DÍA**
1) jour, journée. **Día D.** jour J. **Día laborable** jour ouvrable. **Día de asueto** jour de congé. **Día festivo** jour férié *(syn. día feriado).* **Día por día** jour pour jour. **Un buen día** un beau jour. 2) **Al día** à jour, par jour, à la journée. Estar pagado al día. **Al día siguiente** le lendemain. 3) **El día de mañana** demain, un jour prochain, dans un proche avenir. **Diario** quotidiennement *(syn. a diario).* Con la pérdida de mil empleos diarios, las perspectivas laborales adquieren carácteres dramáticos.

**DIAFANIDAD**
fig. transparence. Una de las características de nuestra época es hacer de la diafanidad una constante que favorezca la convivencia.

**DÍAS**
**¡Buenos días!** bonjour ! **Dar los buenos días** souhaiter le bonjour. **En mis días** de mon temps. **En los días de** du temps de, du vivant de. **Dar los días a uno** souhaiter la fête à quelqu'un. **No todos los días son los mismos** les jours se suivent et ne se ressemblent pas. **Tener días** avoir ses bons et ses mauvais jours.

**DICTADOR ▸**
dictateur. Trujillo fue un famoso dictador de la República Dominicana. **Dictadura** dictature.

**DICTAMEN**

1) opinion, avis *(syn. opinión, parecer).* No puedo abundar en su dictamen. **Tomar dictamen de alguien** prendre conseil de quelqu'un. 2) rapport. Un dictamen de 1968 sugería que se implantasen unos códigos de conducta. **Dictamen médico** diagnostic. **Dictamen pericial** expertise. **Dictaminar** se prononcer. La comisión todavía no se ha dictaminado.

**DICHO**

1) dit (participe passé irrégulier de «decir»). **Dicho y hecho** sitôt dit, sitôt fait. **Tenérselo por dicho** se le tenir pour dit. **Lo dicho** ce qui est dit est dit. **Dicho de las gentes** rumeur publique. 2) ce, cette, ces *(syn. este, ese, aquel).* La aplicación de dicho acuerdo se ha verificado sólo en forma excepcional.

**DICHOSO**

1) heureux *(syn. feliz; ant. desdichado).* Parecen muy dichosos. 2) ennuyeux, assommant *(syn. molesto),* maudit *(syn. maldito).* **¡dichoso viaje!** quel voyage ennuyeux ! **¡Ese dichoso desempleo!** ce maudit chômage !

**DIESTRO Y SINIESTRO**

à tort et à travers. **Hablar a diestro y a siniestro** parler à tort et à travers *(syn. hablar a tontas y a locas).*

**DIFICULTAR** ***(syn. estorbar, entorpecer)***

faire obstacle à. La fuerte presencia de los bancos les dificulta el poder optar por los diferentes instrumentos financieros que están apareciendo en el mercado.

**DÍGITO**

nombre à un chiffre. La inflación puede reducirse a índices tolerables de un dígito ➤ FA digital **dactilar**; **huellas dactilares** empreintes digitales.

**DIFUNDIR**

répandre, diffuser. **Difundir una emisión radiofónica. La noticia se difundió por todo el pueblo en unos cuantos minutos.**

**DILIGENCIA**

1) enquête *(syn. investigación).* Las diligencias practicadas sobre el accidente fueron declaradas «secretas». 2) démarche. **Hacer diligencias para** faire des démarches pour.

**DIMITIR**

démissionner. **Dimitió porque no querían concederle un aumento de sueldo. Dimisión:** démission.

◎ **DINERO**

argent. **Ganar dinero** gagner de l'argent. **Andar escaso de dinero** être à court d'argent. **Dinero al contado** argent comptant. **Dinero en metálico** espèces. **Dinero líquido** argent liquide. **Dinero suelto** petite monnaie. **Hombre de dinero** homme riche *(syn. adinerado).* **El dinero llama el dinero** l'argent va à l'argent. **Hacer dinero** faire fortune *(syn. hacer fortuna).* **Querer sacarle jugo al dinero** en vouloir pour son argent. **Tirar el dinero por la ventana** jeter l'argent par la fenêtre. **Mover dinero** brasser de l'argent.

**DIPUTADO**

député. **Un escaño de diputado** un siège de député. **Senador** sénateur. **Las asambleas** les assemblées.

**DIRECCIÓN** ***(syn. las señas)***

1) adresse. **Me dio su dirección para que le escribiera.** 2) direction. **Dirección asistada** direction assistée. **En dirección a** en direction de. **Dirección prohibida** sens interdit.

**DIRIGIR**

1) diriger (entreprise, orchestre). **Dirigente** dirigeant. 2) adresser. Ya no nos dirigimos la palabra desde hace unos días. 3) tourner un film, mettre en scène. **Dirigirse** s'adresser à.

**DISCONFORMIDAD** ***(syn. discrepancia; ant. acuerdo)***

divergence, discordance. La disconformidad de ideas entre los dos líderes es cada día más visible.

**DISCREPAR**

diverger, être en désaccord. Los varios sindicatos discrepan de la oportunidad de la convocación de huelga. **Discrepancia** divergence, désaccord. No había manera de comprobar la discrepancia entre las dos versiones.

**DISEÑO**

dessin, design. Se dedican al diseño y al desarrollo de la moda de piel. **Diseñar** dessiner, concevoir. ➤ FA designer **designar.**

**DISFRAZAR**

déguiser, masquer. Disfrazar su voz. **Disfrazarse de** se déguiser en. Algunos agentes se disfrazaron de jardineros.

**DISFRUTAR**

profiter de, s'amuser. ¡Disfrute inmediatamente de su nuevo turismo Citroën!

◎ **DISMINUIR EN**

diminuer de. Los turistas que son los mejores clientes en Ceuta disminuyeron en 600000 en unos años. **Disminución** diminution. **Ir en disminución** aller en diminuant.

**DISPARAR**

tirer un coup de feu. El Ministro de Defensa ha dado al Ejército orden de disparar sin aviso. **Disparo** coup de feu. Unos testigos dijeron que habían oído unos disparos. **Disparador** tireur. ➤ FA disparaître **desaparecer.**

**DISPARARSE**

monter en flèche, s'envoler (prix, déficit). La posibilidad de que se disparen los salarios y con ellos la inflación es lo que espanta a los técnicos del Banco de España.

### DISPUESTO
disposé, prêt (de **«disponer»**). El cantante vuelve a su país dispuesto a demostrar que es únicamente su talento lo que le ha llevado al triunfo.

### DISUASIÓN
dissuasion. **Poder de disuasión** force de frappe. **Disuadir** dissuader.

### DOBLAR
1) plier, tordre *(syn. curvar)*. **Doblado en dos** plié en deux. 2) doubler *(syn. duplicar)*. Esta capacidad podría doblarse en segunda fase. **Doble** double. **Con doble sentido** à double sens.

### ◎ DOCUMENTACIÓN
1) documentation. El diputado de A.P. ha reunido una documentación importante sobre las operaciones expropiatorias. 2) papiers d'identité. **La documentación del coche** la carte grise. **Un documento de identidad** une pièce d'identité.

### DOMINGUERO
du dimanche, quelqu'un en week-end. Veíamos pasar unas barcas en las que turistas y domingueros daban una vuelta por el puerto.

### DROGADICTO
drogué, toxicomane. Los hoteles de la comarca cierran sus puertas a los drogadictos porque podrían perder su clientela habitual de no hacerlo. **Droga** drogue. **Drogadicción** le fait de se droguer, la dépendance. La drogadicción es el factor más importante para contraer el SIDA. **El caballo** l'héroïne. **El pico de caballo** la piqûre d'héroïne. **El mono** l'état de manque. **Esnifar** snifer. Esnifar es una práctica común entre los toxicómanos. **Sobredosis** overdose. **Pincharse** se piquer.

### DUDA
doute. **No cabe duda** il n'y a aucun doute. **Salir de duda** savoir à quoi s'en tenir. **Dudar** douter, se demander, hésiter à *(syn. vacilar)*.

### DUPLICAR *(syn. doblar)*
multiplier par deux. La penetración de capital extranjero en la industria española se ha duplicado con creces.

### DURACIÓN
durée, longueur. Una película de dos horas y media de duración. **Batería de larga duración** batterie longue durée. **Duradero** durable. Los españoles como los italianos tienen la risa fácil y duradera.

### DURO
1) dur, résistant. **Duro de tragar** dur à avaler. **Trabajar duro** travailler dur. 2) un sou. **No me queda ni un duro** il ne me reste plus un centime. 3) pièce de cinq pesetas. **Vale cinco duros** cela coûte 25 pesetas.

# E

## ◎ ECHAR

1) jeter *(syn. lanzar, tirar)*. Echaron las mercancías al mar. 2) expulser, licencier *(syn. despedir; ant. contratar)*. Lo echaron fuera porque no era competente para aquel tipo de trabajo. 3) faire, prononcer (discours) *(syn. pronunciar)*. **Echar un reto** *(syn. desafiar)* lancer un défi. Echaron un reto para ver quien terminaría primero. **Echar al agua** faire tomber à l'eau, anéantir. Un fracaso en las conversaciones de Ginebra echaría al agua todos los esfuerzos de la ONU. **Echar a patadas** flanquer dehors (à coups de pieds). El general panameño Noriega era un dictador al que había que echar a patadas.

### ECHAR DE MENOS *(syn. añorar)*

regretter. Muchos echan de menos los tiempos pasados.

### ECHAR LAS CAMPANAS AL VUELO *(syn. alegrarse)*

se réjouir. De momento las noticias no son tales como para echar las campanas al vuelo.

### ECHAR TIERRA A *(ant. revelar)*

étouffer (une affaire, un scandale). El gobierno intenta echar tierra al asunto.

## ◎ EJE

axe, direction. Rapidez, conectabilidad y seguridad son los ejes sobre los que se mueven ahora las empresas de informática.

## ◎ EJECUTIVO

1) cadre. No necesitamos ejecutivos sino obreros especializados. 2) gouvernement *(syn. gobierno)*. El Ejecutivo comunica a los sindicatos que no modifica su oferta.

## ◎ EJERCER *(syn. realizar, ejecutar)*

exercer (droit, autorité, profession). Algunos repórteres ejercen una profesión muy peligrosa. **Ejercicio** exercice. **Ejercicio económico** exercice financier.

## ◎ EJÉRCITO

1) armée. Ante los nacionalismos sólo el ejército garantiza la unidad nacional. **El Ejército Rojo** l'Armée Rouge. 2) grand nombre, multitude *(syn. sinnúmero, multitud)*. Un ejército de personas había acudido para asistir al lanzamiento del cohete. **Ejercitar** exercer (mémoire), entraîner (troupes). **Ejercitación** entraînement.

## ◎ EMBAJADA

ambassade. Diariamente se reciben informes de las embajadas españolas en el extranjero. **Embajador** ambassadeur.

### EMBALSE *(syn. presa)*

barrage (de retenue d'eau). Cinco pueblos tienen graves problemas de agua pese a que los embalses estén llenos.

**EMBARAZO** ***(syn. maternidad)***
grossesse. Muchas mujeres viven el embarazo como una enfermedad. ➤ FA embarras **confusión, dificultad.**

**EMBARGAR** ***(syn. secuestrar)***
saisir, faire un embargo. Varias toneladas de cocaína fueron embargadas en el aeropuerto de Bogotá. **Embargo** embargo, saisie *(syn. confiscación).*

◎ **EMERGENCIA** ***(syn. urgencia)***
urgence, danger. **En caso de emergencia** en cas d'urgence.

**EMISORA**
station de radio. Las emisoras de radio anunciaron la noticia a las dos de la tarde. ➤ FA émissaire **emisario, víctima propiciatoria.**

**EMPATAR** ***(syn. igualar)***
égaliser, faire match nul. **Empate** match nul, égalité.

**EMPECINAMIENTO** ***(syn. obstinación, empeño, terquedad)***
obstination, entêtement. El primer ministro demostró mucho empecinamiento por el nombramiento del director general de RTVE.

◎ **EMPEÑAR**
donner un gage *(syn. pignorar)*. Para conseguir el crédito tuvo que empeñar un reloj de oro. **Empeñarse** 1) s'endetter *(syn. endeudarse)*. Se ha empeñado hasta las cejas para poderse comprar esta casa. 2) s'obstiner, s'entêter *(syn. obstinarse)*. Se ha empeñado en terminar el trabajo para mañana. 3) insister *(syn. insistir)*. Si te empeñas tanto lo haré por ti. **Empeño** engagement, acharnement, persévérance.

◎ **EMPEORAR** ***(syn. deteriorarse, ponerse peor; ant. mejorar)***
empirer, s'aggraver. Según los médicos, su estado va empeorando.

**EMPERO** ***(syn. sin embargo)***
cependant. El candidato empero dijo que la propuesta era interesante.

◎ **EMPRENDER** ***(syn. empezar)***
entreprendre, commencer. La reforma de los planes de estudio fue emprendida en marzo. **Emprender un nuevo mercado** attaquer un nouveau marché. **Emprendedor** qui a l'esprit d'entreprise. **Emprenderla con uno** s'en prendre à quelqu'un, prendre quelqu'un à partie.

◎ **EMPRESA**
entreprise, société. El 33% de las pequeñas empresas en Europa son creadas por mujeres. **Empresa de ámbito nacional** une entreprise d'envergure nationale. **Jurado de empresa** comité d'entreprise. Empresario chef d'entreprise. ➤ FA emprise **influencia, dominio.**

◎ **EMPRÉSTITO**
emprunt d'État. Aceptaron los empréstitos sin tomar en consideración la recesión que ya se adivinaba.

**EMPUJÓN**

1) poussée, bousculade *(syn. empellón, empuje)*. En el metro a las horas punta no hay sino empujones. 2) appui, soutien *(syn. apoyo)*. Ha conseguido un empujón para sus perspectivas electorales. **Dar un empujón** donner un coup de pouce. **Empujar** pousser, bousculer.

**ENCABEZAR *(syn. dirigir)*** ▶

être à la tête de, mener le train, diriger. Cousteau encabezó muchas expediciones con su barco.

**ENCAJAR**

1) emboîter, encastrer *(syn. ajustar)*. Estamos ante un inmenso puzzle en el que algunas piezas comienzan a encajar. 2) supporter, faire face *(syn. soportar)*. Muchas empresas no encajaron la crisis y tuvieron que cerrar. **Encajarse** s'adapter *(syn. adaptarse)*. No se ha encajado a su nueva situación.

◎ **ENCARAR *(syn. enfrentarse con)***

affronter. La agrupación dice que no es éste el momento para encarar su reforma.

◎ **ENCARECER *(syn. acrecentar, subir)***

augmenter (les prix). Nuestros productos han encarecido. **Encarecimiento** enchérissement, augmentation. La depreciación de la peseta llevará un encarecimiento de las importaciones.

**ENCARGARSE DE *(syn. hacerse cargo)***

se charger de. El Ministerio de Cultura se ha encargado de promocionar la artesanía.

**ENCIZAÑAR (las relaciones)**

semer la zizanie. Los cambios súbitos de dirección han encizañado las relaciones en la empresa.

◎ **ENCONTRARSE**

1) se trouver *(syn. hallarse)*. Durante la Guerra Civil, Hemingway y Orwell se encontraban en España. **Encontrarse entre la espada y la pared** se retrouver le dos au mur. 2) se réunir *(syn. reunirse)*. Suelen encontrarse en este bar. **Encuentro** rencontre, match.

**ENCUBRIR *(syn. ocultar)***

camoufler, cacher. Masones, templarios, alquimistas... son un tema fascinante que llama la atención de la mayor parte de la población por su carácter encubierto. **Encriptado** codé. La información que mande a esa página se envía encriptada, por lo que nadie podrá averiguar sus datos.

**ENCUESTADO**

personne interrogée pour un sondage. Sólo el 13% de los encuestados era favorable al proyecto. **Encuestador** enquêteur, sondeur d'opinion. Los encuestadores han encontrado una nueva pista.

**ENCHUFE**

piston, appui. Es necesario tener los enchufes necesarios para conseguir una reserva. **Enchufar** pistonner.

**ENDEREZAR** ***(syn. restablecer, corregir)***
redresser, corriger. La balanza comercial no deja de enderezarse pese a la caída del dólar.

◎ **ENDEUDAMIENTO**
endettement. El peso del endeudamiento de los países latinoamericanos resulta peligroso para varios bancos estadounidenses. **Endeudarse** s'endetter. **Deudor** débiteur. **Ser deudor de alguien** être débiteur, avoir des dettes envers quelqu'un. **Deuda** dette.

◎ **ENEMIGO** ***(syn. adversario ; ant. amigo, aliado)***
ennemi. Hasta sus mayores enemigos les reconocen su extraordinaria capacidad negociadora.

◎ **ENFERMEDAD**
maladie. Las enfermedades hereditarias se pueden detectar ahora con mucha más precisión muy temprano. **Estar enfermo** être malade.

**ENFOCAR** ***(syn. encarar, considerar)***
envisager. Los ministros enfocan la celebración del próximo congreso desde perspectivas distintas. **Enfocar una categoría profesional** cibler une catégorie professionnelle. **El enfoque de un asunto** la façon d'envisager un sujet, l'optique. No hay un enfoque estrictamente monetario para resolver los problemas actuales.

◎ **ENFRENTAMIENTO**
affrontement. Quince cadáveres fueron enterrados tras haber resultado muertos en enfrentamientos con el ejército. **Enfrentar** affronter, faire face à, mettre face à face. Debemos evitar enfrentar a los trabajadores con los usuarios.

◎ **ENGAÑAR** ***(syn. mentir, ilusionar)***
tromper, mentir. «Las estadísticas engañan» dice la oposición. **Engaño** tromperie, duperie, erreur *(syn. mentira)*. **Salir del engaño** reconnaître son erreur. **Deshacer un engaño** rétablir la vérité. **Llamarse a engaño** se laisser abuser. **Engañoso** trompeur, mensonger *(syn. mentiroso)*.

**ENHORABUENA** ***(syn. felicitación, parabién)***
bravo, félicitations. Habéis aprobado el curso ¡enhorabuena! **Dar la enhorabuena** féliciter *(syn. dar el parabién)*.

**ENMARCAR**
s'inscrire dans le cadre de. Es una coproducción que se enmarca dentro de un acuerdo global.

**ENMENDAR LA PLANA** ***(syn. corregir, rectificar)***
corriger, amender. Solchaga dice que hay que abaratar el despido y Manuel Chaves le enmienda la plana diciendo que las leyes laborales las hace él. **Enmienda** amendement. En EE.UU la Enmienda Primera ampara la libertad de palabra.

**ENREDO** ***(syn. engaño)***
intrigue, espièglerie, enchevêtrement. El enredo está servido por actrices mediocres. **Enredoso** embrouillé. **Enredar** embrouiller, emmêler *(syn. complicar, intrincar)*.

◎ **ENRIQUECERSE** ***(syn. prosperar; ant. empobrecerse)***
s'enrichir, faire fortune. España es uno de los países donde más fácilmente uno se puede enriquecer. **Enriquecedor** enrichissant. El debate sobre la democratización es enriquecedor. **Enriquecimiento** enrichissement.

**ENSANCHAR** ***(syn. ampliar, extender)***
élargir, étendre. El mercado del trabajo se está ensanchando a escala global. **Un ensanche** extension *(syn. extensión)*, nouveau quartier, agrandissement.

**ENTABLAR** ***(syn. iniciar, comenzar)***
entamer, engager (discussions, relations). El tentativo de entablar el diálogo fue iniciado hace cuatro años por el gobierno de Betancur. **Entablar un proceso** engager des poursuites.

◎ **ENTERARSE** ***(syn. informarse)***
apprendre, s'informer, être au courant de. Todavía no se ha enterado de la noticia. ➤ FA s'enterrer, s'isoler **enterrarse.**

**ENTIDAD** ***(syn. ente, empresa)***
entité, organisme, collectivité. **Una entidad de seguros** une compagnie d'assurances. **Un asunto de entidad** une affaire d'importance. **De poca entidad** de peu d'importance.

**ENTORNO** ***(syn. medio ambiente)***
environnement, entourage. Después de las elecciones, el presidente verá caras nuevas en su entorno.

◎ **ENTORPECER** ***(syn. dificultar)***
entraver. La serie de obstáculos que entorpecen las negociaciones con el Mercado Común están creando una decepción.

◎ **ENTRADA**
1) ticket, billet (cinéma, spectacle). Tengo las entradas para el concierto de M. Jackson.
2) premier versement. Este verano disfrute de un Renault 19 con una entrada mínima del 10 %.

**ENTRAMADO** ***(syn. estructura)***
structure, imbrication. El Presidente estuvo a punto de hacer caer el entramado financiero de la City.

◎ **ENTREGAR**
livrer. Lo averigua siempre todo antes de entregar la mercancía al cliente. **Entregarse** se livrer, se rendre *(syn. rendirse, capitular)*. Al cabo de veinte horas de ocupación de los locales, acabaron por entregarse a las fuerzas del orden. **Entregarse a** s'adonner à, se consacrer à. Por el momento se entrega exclusivamente al estudio.

**ENTRENAMIENTO** ***(syn. ejercitación)***
entraînement, préparation. El entrenamiento de las unidades se hace con constantes maniobras militares.

◎ **ENTREVISTA** ***(syn. conversación, encuentro)***
entretien, entrevue. La entrevista entre los dos ministros se realizó durante el festival folklórico de Euskadi. **Celebrar una entrevista** avoir un entretien *(syn. entrevistarse con).*

◎ **ENVÍO**
envoi. Un envío de instructores cubanos a Angola. **Enviar** envoyer *(syn. mandar).*

**EQUIPARAR** ***(syn. comparar)***
comparer. Lo equiparan más a un alcalde que a un presidente de autonomía. **Equiparar los salarios** aligner les salaires. **Equipararse a** s'aligner sur. La inversión publicitaria española crecerá en torno al 5 % equiparándose al resto de Europa.

◎ **EQUIPO**
1) équipe. Hay en Madrid dos equipos de fútbol rivales. 2) équipement, instrument. Los equipos están deteriorados, hay que renovarlos.

**ERARIO PÚBLICO**
trésor public. El candidato del PRI no tiene ningún reparo en tirar del erario público para su marcha triunfal.

◎ **ERRAR** ***(syn. equivocarse, engañarse)***
se tromper. **Error** erreur *(syn. falta, equivocación).* Cometió un grave error al marcharse sin advertir a nadie. **Erróneo** erroné, faux. En la actualidad esta tesis es considerada como errónea.

**ESBOZO** ***(syn. bosquejo)***
ébauche, esquisse, avant-projet. «Hice un primer esbozo en los años 60» dijo el escritor.

**ESCALA**
échelle. **A gran escala** à grande échelle. EE.UU y Brasil mantuvieron la esclavitud a gran escala.

**ESCARMIENTO**
1) châtiment exemplaire *(syn. castigo).* Llevó a cabo una política de escarmiento y violaciones de los derechos humanos. 2) leçon, expérience salutaire. Lo de ayer no te sirvió de escarmiento.

◎ **ESCASO** ▶
rare, maigre, insuffisant. Es un hombre al que sus detractores reprochaban sus escasos conocimientos en política internacional. **Escasez** pénurie. **Escasear** diminuer, se raréfier *(syn disminuir, escatimar).* Escasearon las municiones y los víveres en Irán.

**ESCATIMAR**
1) ménager, épargner, lésiner *(syn. economizar, restringir).* El presidente nunca escatimó ataques contra los demócratas. 2) réduire *(syn. reducir, disminuir).* Le escatimaron su sueldo.

**ESCENARIO**
scène, cadre. El escenario de la próxima cumbre será París.

**ESCINDIRSE** ***(syn. separarse)***
se scinder, se séparer. Los controladores catalanes se escindieron del sindicato oficial hace dos meses y medio. **Escisión** scission *(syn. ruptura).*

**ESFUMARSE**
s'estomper, disparaître. Con Wall Street se esfumó el alza.

**ESGRIMIR**
présenter, faire valoir. Son argumentos esgrimidos por quienes apuestan por una ligera caída del dólar.

◎ **ESPEJISMO** ***(syn. ilusión)***
mirage. El precio del petróleo a finales de la década de los 70 causó espejismos.

**ESPOSAS**
menottes. Llevaba las esposas puestas al salir de la comisaría. **Esposar** mettre les menottes. ➤ FA épouser **casarse con.**

**ESQUEMA**
schéma, plan. Querían crear una canción popular que rompiese con el viejo esquema del folklore de guitarra.

◎ **ESTACIONAL**
saisonnier. Sólo encuentra trabajos estacionales desde que ha vuelto a su pueblo andaluz. **Paro estacional** chômage saisonnier.

◎ **ESTADISTA** ***(syn. jefe, dirigente)***
homme d'État. Será un tema siempre presente en sus encuentros con otros estadistas.

**ESTADÍSTICA**
statistique. Las estadísticas ponen de relieve el descontento de la población local. **I.N.E.** Instituto Nacional de Estadísticas.

◎ **ESTADOUNIDENSE** ***(syn. norteamericano)***
nord-américain. Los estadounidenses, orgullosos, desconocen todo lo que no es su propio estado.

**ESTAFA** ***(syn. fraude, engaño)***
escroquerie, fraude. Nueve hombres fueron detenidos por estafa publicitaria. **Estafar** escroquer. **Estafador** escroc. La policía detiene a 14 estadafores en Murcia.

◎ **ESTALLAR**
1) exploser *(syn. explotar).* El transbordador Challenger estalló en 1986. 2) éclater *(syn. empezar).* La primera guerra mundial estalló en 1914.

◎ **ESTANCAMIENTO**
stagnation, enlisement (négociations). La mayoría de los países de América Latina tuvo un estancamiento o retroceso de su producto interno bruto. **Estancar** stagner, s'enliser *(syn. paralizar)*. La producción vinícola se ha estancado este año. **Estancado** stagnant.

**ESTÁNDAR**
standard, critère. Los analistas consideran estas estadísticas como decepcionantes para los estándares de nuestro país.

◎ **ESTAR**
être. No estaban bastante preparados para esas pruebas. **Estar libre de** être exempt de, dégagé de. Estoy libre de toda responsabilidad. **Estar claro que** être évident que. Está claro que nadie va a intervenir para parar ese despilfarro.

**ESTAR A LA CABEZA** ***(syn. encabezar)***
être à la tête de. Está a la cabeza de una importante firma americana.

**ESTAR AL CAER**
être sur le point d'arriver. Las cifras del paro están al caer.

**ESTAR EN APUROS**
être dans une situation critique. El sector de la vivienda está en apuros desde hace cinco años.

◎ **ESTAR POR**
**Estar por concluir** être sur le point de s'achever. La reunión está por concluir. **Estar por las nubes** être très cher. Este verano los precios están por las nubes.

**ESTAR QUE ARDE**
être très agité. El mercado bursátil, como cada otoño, está que arde.

**ESTAR SOBRE AVISO** ***(syn. desconfiar)***
être sur ses gardes. Con todo lo ocurrido últimamente siempre está sobre aviso.

◎ **ESTATAL**
d'État. Se habló de convertir la Caja de Ahorros en una sociedad anónima estatal.

◎ **ESTILARSE** ***(syn. estar de moda)***
être à la mode, se porter. Los pantalones vaqueros siempre se estilan.

**ESTÍO** ***(syn. verano)***
été. Los Barceloneses aprovechan la noche para olvidar el calor del estío.

**ESTRAPERLO** ***(syn. mercado negro)***
marché noir. ¿Quién no recuerda el estraperlo de la posguerra española? **Estraperlista** trafiquant.

◎ **ESTRECHAR**

1) serrer. Se estrecharon la mano amistosamente al llegar ante las cámaras de la TV. **Estrechar lazos** resserrer des liens. **Estrechar puntos de vista** échanger des points de vue. La cumbre económica occidental sirvió de foro para estrechar puntos de vista entre los dirigentes europeos. 2) restreindre, diminuer *(syn. reducir, disminuir).* Intentan estrechar los gastos de personal.

◎ **ESTRENO**

la première, les débuts, la nouveauté. El 4 de julio se iniciará el estreno de «Edipo Rey» de Sófocles. **De estreno** en première exclusivité. **Estrenar** sortir (film), être à l'affiche, inaugurer *(syn. inaugurar).* La película se estrenará en las pantallas españolas a mediados de mayo.

**ESTRIBAR EN**

reposer sur. El fracaso de nuestro proyecto estriba fundamentalmente en errores estratégicos. **Estribo** appui, fondement, base. Gucci pone un estribo en tu vida: sus corbatas retornan al espíritu clásico. (Pub Gucci).

◎ **ESTROPEAR *(syn. deteriorar)***

abîmer (pr. et fig). La heroína y su negocio han estropeado este barrio. **Estropearse** échouer *(syn. fracasar; ant. llevar a bien).* El plan de fuga se estropeó porque llegó a oídos del director de la cárcel.

**ESTUDIANTIL**

estudiantin, d'étudiant. Las universidades españolas podrán atender el crecimiento de la población estudiantil.

◎ **EVIDENCIAR**

1) mettre en évidence, souligner *(syn. poner de relieve, de realce).* En su discurso evidenció todos los inconvenientes de tales medidas. 2) affirmer (talent), faire preuve de. El Rey ha evidenciado extraordinaria capacidad negociadora.

**EVOLUCIONAR *(syn. progresar)***

évoluer. El médico dijo que el enfermo evolucionaba favorablemente.

**EXISTENCIAS *(syn. provisiones, reservas)***

stock, provisions, vivres. Se negó a venderlas porque eran todas las existencias que le quedaban.

◎ **EXITO *(syn. victoria ; ant. fracaso)***

succès, réussite. «Con vuestra presencia y vuestros éxitos, contribuís al engrandecimiento de la patria» dijo Juan Carlos. **Tener éxito** avoir du succès. Su primer disco tuvo mucho éxito. **Exitoso** qui a du succès. ➤ FA excitation **excitación.**

**EXPECTATIVA *(syn. esperanza)***

attente, espoir. Esta ley no corresponde a las expectativas de la gran mayoría de los argentinos.

◎ **EXPEDIENTE *(syn. documento, registro)***

dossier. Dentro de aquella biblioteca están los expedientes de toda la nobleza española. ➤ FA expédients **arbitrios, recursos extremos.**

**EXPRESAR** *(syn. manifestar, decir)*
exprimer. El ayuntamiento de Anchuras expresó su repulsa contra la instalación de un campo de tiro.

**EXTRADITAR** *(syn. aplicar la extradición)*
extrader. Confiaban en que España extraditara pronto a los tres detenidos.

# F

◎ **FÁBRICA** *(syn. factoría)* ▶
usine. **Una fábrica siderúrgica** une usine sidérurgique. **Fábrica de tabacos** manufacture de tabacs. **Fábrica de cerveza** brasserie.

**FABRIL** *(syn. industrial)*
industriel. Hay que poner en marcha un proceso de apertura económica que facilite el reequipamiento fabril.

◎ **FACILITAR**
1) donner, fournir *(syn. proporcionar, dar)*. El Ministerio de Interior no quiere facilitar datos sobre los gastos reservados del departamento. 2) faciliter *(syn. simplificar)*. Facilitar el trabajo.

**FACTIBLE**
1) susceptible *(syn. posible)*. Todo esto es factible de mejorar. 2) faisable *(syn. realizable, hacedero)*. Este trabajo no es factible en tan pocos días.

◎ **FALTA**
1) faute, erreur *(syn. error)*. Ha cometido muchas faltas en su deber de matemáticas. **Caer en falta** commettre une faute. **Coger en falta** prendre en faute. **Hacer caer en falta a alguien** mettre quelqu'un dans son tort. 2) manque *(syn. carencia, ausencia)*. Este verano nadie se va a poder quejar por falta de fiestas en la capital española. **Una falta de sentido** un non sens. **Echar en falta** remarquer l'absence de quelqu'un, s'ennuyer de *(syn. echar de menos)*.

◎ **FALTAR**
1) manquer *(syn. carecer)*. Le faltan todavía muchos años de experiencia. 2) manquer, rater *(syn. no asistir, no presentarse)*. Sólo el consejero de presidencia ha faltado a la cita.

◎ **FALLECER** *(syn. morir)*
mourir, décéder. Salvador Dalí falleció tras una lenta agonía. **Fallecimiento** décès *(syn. muerte, defunción)*. Se ha abierto una encuesta por el fallecimiento sospechoso de dos mineros en Asturias. **El fallecido** le défunt *(syn. difunto)*.

**FALLO**

1) défaillance, faille, faute. El accidente se produjo a consecuencia de un fallo técnico. **Fallos de memoria** trous de mémoire. 2) jugement, sentence *(syn. juicio, sentencia)*. Estamos a punto de obtener un fallo favorable a nuestra demanda. **Emitir un fallo** prononcer une sentence.

◎ **FAMA**

1) réputation *(syn. reputación)*.Tenemos la fama de ser un país alegre. 2) célébrité *(syn. notoriedad, celebridad)*, popularité *(syn. popularidad)*. Este cantante tiene mucha fama en España. ➤ FA femme **mujer, esposa.**

**FE**

1) confiance *(syn. confianza)*. Ha depositado una fe ciega en ellos. 2) fidélité *(syn. fidelidad)*. La fe conyugal. **Dar fe de** rendre compte de, faire foi de. **Fe de vida** fiche d'état civil. **Fehaciente** qui fait foi, digne de foi *(syn. fidedigno)*. Una prueba fehaciente. Unas personas fehacientes dijeron haber visto al criminal.

◎ **FECHA**

date. **Fecha de vencimiento** date limite de vente. Este producto no lleva fecha de vencimiento. **Fechado** daté du.

**FÉRREO** ***(syn. duro, severo ; ant. laxo)***

1) de fer. Las fuerzas de seguridad del Estado mantuvieron férreos controles en distintos puntos de la capital. **Una disciplina férrea** une discipline de fer. 2) dur, acharné, sans pitié **Una férrea competencia** une concurrence acharnée.

**FERROCARRILES**

chemins de fer, train. **Estación de ferrocarril** gare.

**FESTEJO** ***(syn. fiesta)***

fête, bon accueil, réjouissances. Los festejos del bicentenario de la revolución francesa.

**FINCA** ***(syn. propiedad)***

propriété terrienne, ferme. Los campesinos en huelga ocuparon rápidamente las fincas. **Finca urbana** immeuble.

**FIRMAR**

signer. **Firma** signature. **Firma en blanco** blanc-seing. **Las fuerzas firmantes** les parties signataires.

**FLORECER**

1) apparaître, naître *(syn. aparecer)*. Con la campaña electoral han florecido programas muy diversos. 2) prospérer, fleurir. En la edad media floreció el comercio italiano. **Floreciente** florissant, prospère. El texto se refiere a la muerte de florecientes culturas.

**FLOR Y NATA**

gratin (fig.). Este verano ha pasado por Marbella la flor y nata de la sociedad artística.

**FLUJO** ***(syn. movimiento)***
flux. El flujo y reflujo del mar. **Un flujo de palabras** un flux de paroles.

**FOCO**
foyer, centre. El foco guerrillero más importante sigue siendo el de la región de los Chiapas.

13

**FOMENTAR** ***(syn. promover, impulsar)***
développer, encourager. Se han tomado medidas para fomentar las ventas al exterior. **El fomento** aide, encouragement, promotion *(syn. promoción)*. **Un banco de fomento** une banque de développement. **Ministerio de Fomento** Ministère desTravaux Publics.

**FORÁNEO** ***(syn. extranjero)***
étranger. El equipo español venció al oponente foráneo. **El capital foráneo** le capital étranger.

**FORCEJEO** ***(syn. lucha, esfuerzo)***
lutte, effort. Fue una compra espectacular con un forcejeo de meses y meses.

**FORO**
forum. Organizaron en Berlín este un foro abierto de diálogo sobre el desarme. **Hablar al foro** parler à la cantonnade.

**FORRARSE**
se remplir les poches. Actualmente están de moda en España los verbos especular, cotizar, consumir y forrarse.

◎ **FORTALECER** ***(syn. robustecer)***
fortifier, renforcer. Es indispensable fortalecer la cooperación internacional. **Fortalecimiento** renforcement.

◎ **FRACASO** ***(syn. descalabro; ant. éxito)***
échec. Fue su más estrepitoso fracaso comercial. **Fracaso rotundo** fiasco. La primera representación de la película fue un fracaso rotundo. **Ir a un fracaso** courir à un échec. **Fracasar** échouer.

**FRAUDE (el)** ***(syn. fraudulencia)***
fraude. El Ministerio deTrabajo pretende acabar con aquellas empresas que cometen fraude al desempleo. **El fraude fiscal** la fraude fiscale. **Cometer fraude** frauder.

**FRONTERIZO**
frontalier, en lisière de la frontière. No son suficientes los controles fronterizos entre México y EE.UU.

◎ **FRUTO** ***(syn. resultado)***
fruit, résultat, conséquence. El trabajo fue muy duro pero dio sus frutos. ➤ FA un fruit **una fruta**. **El sector frutícola** le secteur des fruits.

◎ **FUENTE**

source. **Una fuente de energía** une source d'énergie. Habría que encontrar nuevas fuentes de energía. **De buena fuente** de bonne source *(syn. a ciencia cierta).*

**FUERZA**

force, solidité. El Ministerio de Fomento se ha quejado de la insuficiente actividad de las fuerzas de seguridad. **A fuerza de** à force de. **Las fuerzas aéreas** les forces aériennes. **Cobrar fuerzas** reprendre des forces. **Ser fuerza** être nécessaire. **Esforzarse por** s'efforcer de, faire un effort pour.

# G

**GABINETE**

cabinet. El gabinete de un dentista. Un gabinete ministerial.

**GAFE**

malheur. **Ser gafe** porter malheur, porter la poisse *(syn. dar mala suerte).* **¡No seas gafe!** Ne parle pas de malheur !

**GALARDÓN** ***(syn. premio, recompensa)***

prix, récompense. El gobierno sandinista mereció galardones de la organización mundial de la salud por haber reducido la mortalidad infantil. **Galardonar** récompenser *(syn. premiar, recompensar).* La actriz francesa ha sido galardonada por la asociación nacional de críticos norteamericanos.

**GALO** ***(syn. francés)***

français. La serie se estrenará en la primera cadena de la televisión gala. **Hacerse gala de** ou **tener a gala** se faire gloire de.

**GAMBERRISMO** ***(syn. delincuencia juvenil)***

délinquence juvénile. El gamberrismo se ha desarrollado mucho en Barcelona durante los diez últimos años. **Un gamberro** jeune délinquant, voyou *(syn. delincuente).* **Una gamberrada** un acte de vandalisme.

**GANADERO**

éleveur. Los ganaderos del norte temen no poder vender sus montañas de carne a la Unión europea. **Ganado** bétail. **Cabeza de ganado** tête de bétail.

◎ **GANANCIA** ***(syn. beneficio)***

gain, bénéfice. El año pasado las ganancias de la cooperativa subieron a 45 millones. **No le arriendo la ganancia** je ne voudrais pas être à sa place. **Pérdidas y ganancias** profits et pertes.

◎ **GANAR**

1) vaincre, être vainqueur *(syn. vencer).* Los enemigos ganaron la batalla. 2) triompher *(syn. triunfar).* Nadie imaginaba que ese equipo hubiera ganado la copa del

mundo. 3) obtenir, gagner de l'argent *(syn. adquirir)*. La Lotería es una forma fácil de ganar dinero. 4) se propager *(syn. extenderse, propagarse)*. El fuego ganó todo el edificio. **Ganarse la vida** gagner sa vie.

**GARRAS**
1) les griffes. Las garras del tigre. 2) l'emprise *(syn. dominio)*. Sobre ellos han caído las garras de las multinacionales.

**GAS**
gaz. Gas lacrimógeno. **A todo gas** à toute allure. **Gasoleo** gas oil. El consumo de gasoleo ha aumentado de manera espectacular. **Gasolina** essence. **Gasolina sin plomo** essence sans plomb. **Gasolinera** station-service.

**GENERALITAT**
gouvernement autonome. La Generalitat catalana.

◎ **GENERAR**
1) engendrer, donner naissance à *(syn. engendrar)*. La fecundación in vitro ha generado técnicas para detectar malformaciones congénitas. 2) entraîner *(syn. causar, provocar)*. Su decisión generó muchas manifestaciones de protesta.

**GÉNERO**
1) article, denrée *(syn. mercancía, producto, artículo)*. **Un género perecedero** une denrée périssable. 2) sorte, genre *(syn. tipo, manera)*. **Un género de vida** un mode de vie. **El género humano** le genre humain. «Un paso de gigante para el género humano», dijo Neil Armstrong.

◎ **GIRAR**
1) tourner. Girar a la derecha. 2) porter sur *(syn. tener por tema)*. El encuentro giró sobre la necesidad de articular el norte como una realidad económica y cultural. 3) faire, effectuer *(syn. hacer, efectuar)*. El Presidente francés giró una visita oficial en Inglaterra. **Una gira** une tournée. **Un giro** un moment décisif, un tournant.

**GLOBALIZACIÓN**
mondialisation. **Encarar la competencia globalizada** faire face à la concurrence mondiale.

◎ **GOBERNANTE *(syn. dirigente, jefe de estado)***
dirigeant, chef d'État. **Gobernoso** méthodique, ordonné *(syn. metódico)*. **Una mujer gobernosa** une vraie femme d'intérieur.

◎ **GOBERNAR *(syn. dirigir)***
gouverner. El Presidente Fujimori gobierna el Perú. **Gobierno** 1) gouvernement *(syn. ejecutivo)*. 2) gouverne, information. ¡Lea usted este libro, es necesario para su gobierno! **Gobierno civil** préfecture. **Gubernamental** gouvernemental.

**GOLPISTA**
auteur d'un soulèvement, d'un coup d'État. Veinte muertos al asaltar elementos golpistas un cuartel en Argentina. **Golpe de estado** coup d'état *(syn. pronunciamiento)*. **Golpe palaciego** coup d'État de palais.

**GORDO (EL)**
le gros lot. **Tocar el gordo** toucher le gros lot. Si me tocara el gordo compraría una casa en Marbella.

**GOZAR DE**
1) jouir de, profiter de *(syn. aprovechar, beneficiar de)*. Esta empresa podía gozar de una base profesional a la altura de su alcance financiero. 2) avoir, posséder *(syn. tener)*. Este país goza de un buen clima para atraer a los turistas.

**GRABACIÓN**
enregistrement. El grupo Meccano anunció la grabación de su próximo disco. **Grabar** enregistrer, ne pas oublier *(syn. fijar)*. Esta frase se le quedó grabada para siempre.

◎ **GRADO**
1) degré. La temperatura era de 37 grados en Sevilla. 2) gré, volonté *(syn. voluntad)*. **De grado o por fuerza** bon gré, mal gré. **Mal de su grado** contre son gré. Mal de su grado admitió que había perdido las elecciones. 3) stade, phase *(syn. fase)*. Los diferentes grados de una enfermedad.

**GRANEL (A)**
1) en vrac *(syn. sin orden)*. **Café a granel** café en vrac. 2) à foison *(syn. en abundancia)*. Durante una campaña electoral se oyen promesas a granel.

**GRAVÁMENES** ***(syn. impuestos)***
taxes, droits, impôts.Todavía existen grandes disparidades en los gravámenes sobre el mismo producto en los varios países de la Unión Europea.

**GREMIO** ***(syn. corporación)***
corporation, corps de métier. Los pasajeros serán las víctimas de los gremios de la Compañía Iberia. **Gremial** corporatif. **Los sectores gremiales** les secteurs corporatifs.

**GRUESO (el)**
1) le gros de, la plus grosse partie de *(syn. la mayor parte)*. El azúcar se beneficia de una atención prioritaria y del grueso de las inversiones. 2) l'épaisseur *(syn. el espesor)*. Existen papeles de diferentes gruesos.

**GUARDAESPALDAS (un)**
un garde du corps. Un comando del M. 19 se llevó al ministro tras haber matado a un guardaespaldas.

◎ **GUERRA** ***(syn. lucha, combate)***
guerre. **La guerra de las galaxias** la guerre des étoiles. **Una guerra sin cuartel** une guerre sans merci. **Una guerra sucia** une guerre sale. **La guerra fría** la guerre froide. **La guerra boba** la drôle de guerre. **Dar mucha guerra** donner du fil à retordre. **Estar en guerra** être en guerre.

**GUÍA**
1) **un guía** un guide (profession).Trabaja de guía en el Museo del Prado. 2) **una guía** un guide (livre). Mi guía de Buenos Aires tenía 300 páginas. **Guía telefónica** annuaire.

## GUIÓN

1) plan d'un discours. Durante su rueda de prensa, el candidato fue incapaz de seguir el guión que le habían preparado sus colaboradores. 2) scénario. El guión era interesante pero la película fue un fracaso. **Guionista** scénariste. El escritor Gabriel García Márquez obra también de guionista.

## GUISA

guise, gré. **Obrar a su guisa** agir à sa guise. **A guisa de desagravio** à titre de dédommagement.

## ◎ GUSTAR

plaire, beaucoup aimer. Attention à la construction de ce verbe : **Me gusta la música** j'aime la musique, la musique me plaît. **¡Así me gusta!** à la bonne heure ! **Gustar de** aimer *(syn. apreciar)*. El Primer Ministro no gusta de contestaciones demasiado rápidas.

## ◎ GUSTO

1) goût. **Un hombre de gusto** un homme de goût. **Tomar gusto a** prendre goût à. El recién diputado toma gusto a la política. 2) plaisir. **Tener el gusto de** avoir le plaisir de. **Estar a gusto** être à l'aise *(ant. no estar a gusto)*. Es evidente que está muy a gusto cuando canta frente a tantas personas. **El gusto es mío** tout le plaisir est pour moi. **Que da gusto** à merveille. Dibuja que da gusto.

# H

## HÁBITO *(syn. costumbre, práctica)*

habitude, coutume. La creación de una moneda europea supone romper hábitos arraigados. ➤ FA habitat **habitación**, habitant **habitante**.

## ◎ HACER

faire. Acusan al gobierno de no haber hecho nada para mejorar la situación. **Hacer acopio de información** recueillir des informations. **Hacer de tripas corazón** faire contre mauvaise fortune bon cœur. **Hacer frente a** faire face à, affronter. **Hacer hincapié en** insister sur, mettre l'accent sur *(syn. insistir en)*. **Hacer la guardia** monter la garde. **Hacer la vista gorda** fermer les yeux, ne pas tenir compte de. **Hacer evidente** mettre en évidence. **Hacer posible** rendre possible.

## ◎ HACERSE

**hacerse con** s'approprier, s'emparer de *(syn. apoderarse de)*. Para hacerse con el 50 % de la sociedad Electrolux tendrá que pagar dos mil millones de pesetas. **Hacerse con el control** de prendre le contrôle de. **Hacerse cargo de** se charger de *(syn. encargarse de)*. El juez de guardia de esta ciudad se ha hecho cargo de la instrucción.

◎ **HACIENDA**

1) Ministère des Finances. Hacienda perderá un billón de pesetas a consecuencia de las deducciones a las que tienen derecho los contribuyentes. 2) exploitation agricole *(syn. finca)*. No se podrán financiar las haciendas locales ni siquiera en caso de auténtica emergencia. **Hacendado** propriétaire terrien *(syn. latifundista, terrateniente)*.

◎ **HALLAZGO** ***(syn. descubrimiento)***

découverte, trouvaille. No se ha realizado ningún hallazgo nuevo de petróleo en aquella región de Venezuela. **Hallar** trouver *(syn. encontrar)*. Los explosivos que la policía halló en el chalet pertenecían al grupo terrorista ETA.

14 **HAZAÑA** ***(syn. proeza)***

exploit. Las hazañas de Hércules.

**HEREDERO**

héritier. Akihito era el único príncipe heredero del trono del Crisantemo. **Heredero universal** légataire universel. **Heredar de alguien** hériter de quelqu'un. **Herencia** héritage.

**HERRAMIENTAS** ***(syn. instrumentos, ustensilios)***

outils, instruments. La negociación: su herramienta más potente en los negocios.

**HIJO** ***(syn. sucesor, heredero)***

fils, héritier. El Príncipe de Asturias es el hijo de Don Juan Carlos. **Un hijo probeta** un bébé éprouvette.

**HITO**

borne, jalon. **Marcar un hito** faire date. El surgimiento de los yuppíes en España marcó un hito en nuestro modernismo. **Ser un hito marquer**, faire date. **Mirar de hito** regarder fixement, dévisager.

◎ **HOMENAJE** ***(syn. testimonio)***

hommage. El espectáculo «Poesía Moderna» tendrá el carácter de un homenaje al poeta Rafael Alberti. **Homenajear** rendre hommage *(syn. rendir homenaje)*. Los Campos Elíseos estaban decorados con banderas españolas para homenajear al vencedor del **Tour de Francia.**

**HONRAR** ***(syn. respetar, enaltecer)***

honorer. **Honrar con su presencia** honorer de sa présence. El Te Deum para la proclamación del Rey se vio honrado con la presencia de altas representaciones nacionales y extranjeras.

◎ **HORA**

heure. **Hora punta** heure de pointe. Las autoridades de México decidieron separar por sexo a los viajantes del metro durante las horas punta. **Horas seguidas** heures d'affilée. Tuvimos que trabajar ocho horas seguidas para terminar nuestro trabajo. **Horas extraordinarias** heures supplémentaires. Hace horas extraordinarias para poderse comprar un vídeo.

**HORCA**

pendaison. Seis Africanos de raza negra fueron condenados a la horca.

**HORMIGÓN**
béton. Hasta los edificios de hormigón fueron destruidos por el terremoto de 1985 en México.

**HORMIGUERA**
fourmilière. Las carreteras españolas se han convertido en una verdadera hormiguera. **Hormiga** fourmi. **Hormiguear** fourmiller, grouiller. **Hormigueo** fourmillement.

**HORTALIZAS**
légumes verts. El sector más favorecido por la adhesión a la Unión es el de las frutas y hortalizas.

◎ **HOY *(syn. ahora, en la actualidad, en estos tiempos)***
aujourd'hui, de nos jours. Hoy ha sido una mala jornada para los negocios. **De hoy en adelante** désormais. **Hoy en día** de nos jours.

◎ **HUELGA *(syn. cese de actividades)***
grève. Más de 100 000 trabajadores siguieron la huelga contra los planes de reconversión del sector naval. **Huelga alternativa** grève tournante. **Huelga de brazos cruzados** grève sur le tas. **Convocar una huelga** appeler à la grève. **Huelga de celo** grève du zèle. **Un piquete de huelga** un piquet de grève. **Huelga decir** inutile de dire que...

**HUELLA**
1) empreinte *(syn. pisada, señal)*. Las huellas de bota que encontraron en el jardín pertenecían al ladrón. 2) trace, vestige *(syn. vestigio, señal)*. Una experiencia anterior siempre deja marcas, recuerdos. **Una huella dactilar** une empreinte digitale.

**HUÉSPED *(syn. invitado, convidado)***
hôte, invité. Los huéspedes se quejaban de la comida de la pensión.

**HUESTE**
armée, troupe, partisan, *(syn. partidario)*, fidèle. La Iglesia ha considerado no deber movilizar a sus huestes para denunciar la película «La última tentación del Cristo».

◎ **HUIR *(syn. escapar, evadirse)*** ▶
fuir, s'enfuir. Cuando estalló la guerra civil, tuvo que huir de España. **Huida** fuite. La huida de los ladrones por carretera duró 14 horas. **Huida hacia adelante** fuite en avant.

**HUMILDE**
humble. Fueron los más humildes ciudadanos quienes demostraron estar por encima de las malas prácticas del poder. **De humilde cuna** d'humble extraction. **A mi humilde parecer** à mon humble avis. ➤ FA humilde **húmedo.**

◎ **HUNDIMIENTO**

1) effondrement, affaissement. Sólo la victoria de las Malvinas detuvo el hundimiento de la política económica inglesa. 2) naufrage *(syn. naufragio)*. A principios del siglo veinte, la compañía Lloyds hizo frente al hundimiento del Titanic. **Hundirse** s'enfoncer, s'écrouler, sombrer *(syn. derrumbarse, arruinarse)*. Los precios se hundieron durante unos meses.

**HURTO** ***(syn. robo; ant. devolución, restitución)***

vol. Los jóvenes de los barrios más pobres se dedican al hurto de coches y de motos. **Hurtar** voler, plagier *(syn. robar)*.

# I

**IDEA**

1) idée. Yo tenía una idea preconcebida de la situación. **Formarse una idea** se faire une idée. **Tener idea** avoir de l'idée. **Una idea al uso** une idée répandue, à la mode. **¡Ni idea!** aucune idée ! 2) intention *(syn. intención)*. **Llevar idea de** avoir l'intention de.

**IDEAR**

1) concevoir, imaginer *(syn. inventar, imaginar)*. Se trata de un aparato ideado por un científico alemán. 2) projeter, envisager *(syn. proyectar, planear)*. Han ideado una nueva organización de los equipos de trabajo.

**IDÓNEO** ***(syn. adecuado, conveniente)***

adéquat. No es la solución idónea para resolver este tipo de problemas.

◎ **IGUALDAD** ***(ant. desigualdad)***

égalité. Igualdad de oportunidades. **En igualdad de condiciones** dans les mêmes conditions. **En pie de igualdad** sur un pied d'égalité. **Igualar** égaler. **Inigualable** inégalable. La pausada y profunda voz del inigualable Louis Armstrong.

**IMPARTIR**

1) donner, distribuer *(syn. dar)*. **Impartir órdenes** donner des ordres. 2) demander, réclamer, solliciter *(syn. pedir)*. Impartió socorro para salir del agua.

**IMPERAR** ***(syn. dominar, mandar)***

régner (pr. ou fig.). El dictador imperó sobre el país durante más de 17 años. En esta casa impera siempre la alegría y el buen humor.

◎ **IMPRESCINDIBLE** ***(syn. necesario, indispensable; ant. inútil)***

indispensable. Los científicos creen que es imprescindible extender la reproducción asistida.

**IMPROCEDENTE**

1) contraire au droit, arbitraire. **Un despido improcedente** un licenciement arbitraire. 2) non fondé, irrecevable. El sindicato hizo una propuesta improcedente al gobierno.

◎ **IMPUESTO** *(syn. tributo, contribución)*
impôt. **El impuesto sobre la renta** l'impôt sur le revenu. **Gravar un impuesto** frapper d'un impôt. **El impuesto de lujo** la taxe de luxe. Tuvo que pagar el impuesto de lujo por su yate.

**IMPUGNAR**
1) combattre *(syn. luchar, combatir)*. Los ciudadanos utilizan todos los medios posibles para impugnar la decisión del alcalde. **Impugnar un argumento** combattre un argument. 2) contester *(syn. refutar, contestar)*.

**INAGOTABLE** *(syn. inextinguible, interminable)*
inépuisable. Durante el siglo XIX, el imperio británico fue una fuente inagotable de recursos.

**INAPLAZABLE** *(ant. aplazable)*
1) qu'on ne peut pas ajourner, remettre. Una fecha inaplazable. 2) qu'on ne peut pas nier. La emergencia de Japón como superpotencia económica mundial es una realidad inaplazable. 3) urgent *(syn. urgente)*. Se trata de una necesidad inaplazable.

**INCAUTAR** *(syn. embargar)*
saisir. Se incautaron 500 bolsas con medio kilo de cocaína en cada una en el aeropuerto de Milano.

◎ **INCIDIR**
1) influer sur, avoir incidence sur. Las dificultades del momento inciden sobre la política de defensa. 2) insister *(syn. insistir)*. Los presidentes de ambos países incidieron en la necesidad de renunciar a la guerra.

**INCLUIDO** *(syn. incluso)*
y compris, inclus. He estado en tres guerras, incluida la de Vietnam. **Todo incluido** tout compris.

**INCÓLUME**
indemne, sain et sauf. Los pasajeros salieron incólumes del accidente del avión.

**INCONEXO**
sans rapport, sans lien. Frecuentemente, la policía investiga en asuntos inconexos entre sí y encuentra a los mismos ladrones.

**INCONVENIENCIA**
1) malséance, inconvenance *(syn. insolencia, grosería)*. El mundo entero se acuerda de la inconveniencia de Krutchev golpeando el pupitre con su zapato en la ONU. 2) invraissemblance *(syn. inverosimilitud; ant. probabilidad)*. Era inútil averiguar la inconveniencia de su coartada. ➤ FA inconvénient **inconveniente.**

◎ **INCORPORARSE A** *(syn. integrar, unirse a, juntarse a)*
s'intégrer à, se joindre à. España se incorporó al Mercado Común en 1986. **Incorporarse a las filas** entrer dans les rangs.

◎ **INCREMENTAR EN** ***(syn. aumentar de ; crecer de)***

augmenter de. En cinco años, el número de muertos en accidentes de carretera se ha incrementado en un 25 %. **El incremento** 1) accroissement, augmentation *(syn. aumento)*. El incremento de la renta. 2) développement *(syn. desarrollo)*. El incremento de los intercambios comerciales.

◎ **INDICE (el)** ***(syn. tasa)***

taux. El índice de mortalidad infantil va bajando cada año. **Indice de audiencia** taux d'écoute. Es la emisora que tiene el índice de audiencia más elevado en España. **Indice de incremento** taux d'accroissement. **Indice de paro** taux de chômage. Este mes el índice de paro se ha incrementado de un 0,7%. **Indice de precios de consumo** indice des prix à la consommation.

**INDOCUMENTADO**

sans papiers. La nueva ley de inmigración hace más barata la fuerza de trabajo de los indocumentados. **Permiso de residencia** permis de séjour. **Los pateros** terme qui désigne les Marocains qui tentent d'entrer clandestinement en Espagne sur des pateras (canots). Varios pateros fueron detenidos por la policía que vigilaba las costas españolas pero la patera no ha sido encontrada. **Los atunes** expression qui désigne les Marocains en situation irrégulière. **Los balseros** terme qui désigne les Cubains qui quittent Cuba sur des radeaux de fortune. **Balsa** radeau. **Una balsa de aceite** un endroit très tranquille, une mer d'huile. **Repatriación** rapatriement.

**INDOLE (la)** ***(syn. carácter)***

caractère, nature d'une chose. Mis problemas eran sólo de índole económica en aquella época. **De toda índole** de tout genre, de toute sorte. **Personas de la misma índole** des gens du même acabit, de la même espèce.

**INDULTO** ***(syn. gracia, remisión)***

grâce, remise de peine. En Holanda los condenados por delito de violación no pueden beneficiarse de indultos. **Petición de indulto** recours en grâce.

**INEFICIENCIA** ***(syn. ineficacia; ant. eficacia)***

inefficience, inefficacité. Fue otra demostración de la ineficiencia de los medios de transporte en caso de emergencia.

**INFORMATIVO (el)** ***(syn. telediario)***

le journal télévisé. Me gusta ver el informativo cada día a las ocho y media. **Los servicios informativos de la televisión** les services d'information de la TV.

◎ **INFORME (el)**

1) rapport. La comisión hizo llegar un informe al Rey. **Hacer un informe** faire un rapport. 2) information, renseignement. **Pedir informes** demander des informations. **Tomar informes** prendre des renseignements.

**INFUNDIR**

1) inspirer. Este hombre no me infunde confianza. **Infundir sospechas** éveiller des doutes. 2) donner. Gritaban para infundirse ánimo. 3) inculquer. No logró infundirle sus ideas.

**INGENTE** ***(syn. enorme)***

énorme. Han hecho una labor ingente en este campo árido.

**INGRESO**
1) revenu *(syn. sueldo)*, recette, rentrée d'argent. Entre los ingresos de los Juegos Olímpicos figuran los derechos de transmisión por televisión. **Gastos e ingresos** entrées et sorties d'argent. 2) entrée. **Un examen de ingreso** un examen d'entrée.

**INSALVABLE** ***(syn. insuperable)***
insurmontable. Una situación insalvable. ➤ FA insolvable **insolvente**.

◎ **INSEGURIDAD**
insécurité. **Inseguridad ciudadana** insécurité urbaine. Este año el índice general de inseguridad ciudadana ha descendido en un 10 %.

◎ **INTEGRAR**
constituer, faire partie, former. Tres edificios integran esta sociedad. **Integración** intégration, rattachement. Brasil busca su integración lingüística en el área hispana. **Integrante** intégrant, faisant partie. Uno de los detenidos es integrante del grupo que asaltó el banco.

◎ **INTERCAMBIOS**
échanges. Hay distorsiones importantes entre los intercambios comerciales de algunos miembros de la Unión con terceras naciones.

◎ **INTERÉS**
intérêt. Hemos previsto una operación de gran interés para los accionistas. **Prestar interés** attacher de l'intérêt. **De interés** digne d'intérêt, intéressant. **Tener interés en** ou **por** s'intéresser à *(syn. tomarse interés por).*

**INTRINCADO** ***(syn. enredado, complicado; ant. sencillo, simple)***
embrouillé, confus, compliqué. **Un asunto intrincado** une affaire embrouillée. **Intrincamiento** complexité. **Intrincar** embrouiller, compliquer.

◎ **INVENTO**
invention. La siesta no es realmente un invento español. **Inventar** inventer. **Inventor** inventeur.

**INVERSIÓN**
investissement. Muchas multinacionales efectúan sus inversiones en España en los alimentos infantiles. **Invertir** investir. **Inversionista** bailleur de fonds, investisseur. Los inversionistas japoneses alimentan el actual impulso alcista del dólar. **Inversor** investisseur. Las inversiones en pesetas tienen para cualquier inversor una gran rentabilidad.

◎ **INVESTIGAR**
enquêter sur, faire des recherches. Sherlock Holmes investigaba los móviles del crimen horrible. **Investigación** investigation, enquête. **La investigación científica** la recherche scientifique.

**INVOLUCRADO** ***(syn. mezclado)***
mélangé, mêlé. Dos Africanos involucrados en enfrentamientos raciales han sido detenidos en Nankín.

◎ **IR**

1) aller. Cada mañana voy al trabajo. 2) aller, s'étendre. Mi jardín va desde mi casa hasta aquellos árboles, cerca del río. 3) en être. No sé exactamente por dónde voy ante tantas oportunidades. 4) parier *(syn. apostar)*. El PSOE va que ganará las elecciones.

◎ **IR + PRÉPOSITION**

1) Ir a aller à. **Ir a la ruina** courir à sa perte. 2) **Ir con** aller avec. **Ir con cuidado** agir prudemment. **Ir con miedo** avoir peur. 3) **Ir contra aller** contre, aller à l'encontre de. La realidad cotidiana iba contra sus sueños. 4) **Ir en** a) aller en (ou par le) **Ir en** tren. b) y aller de. **En eso te va la salud** il y va de ta santé. 5) **Ir para** aller sur, avoir près de (âge). Mi padre va para cincuenta años. **Ir para largo** traîner en longueur. El proceso de los terroristas va para largo y las familias de las víctimas se impacientan. 6) **Ir por** aller chercher. Voy por dinero al banco.

**IR** (sens figuré ou familier)

**Ir sobre ruedas** aller comme sur des roulettes. **Ir tirando** aller comme ci comme ça. **¡Qué va!** allons donc, penses-tu ! **Vamos a ver** voyons voir... **Irse al otro mundo** mourir, passer l'arme à gauche. **¡Allá se van los dos!** les deux font la paire ! **Voy y vengo** je reviens tout de suite. Al huir de su país el dictador dijo «voy y vengo». **Ir al grano** en venir au fait. Después de sus promesas el pueblo espera que el gobierno vaya al grano.

# J

**JAQUE** ***(syn. fracaso ; ant. logro)***

échec. Con su huelga los controladores ponen en jaque al sector turístico de todo el país. **Dar jaque a** mettre en échec. **Tener en jaque** tenir en échec.

◎ **JEFE (syn. patrón, director)** ▶

chef, patron. **El jefe del Estado** le chef de l'État. **Jefe de comedor** maître d'hôtel. **Jefatura** dignité et fonction de. **Jefatura del Estado** Magistrature Suprême. El Presidente Mitterrand ejerció la Jefatura del Estado francés. **Jefatura de Policía** Préfecture de Police.

◎ **JERARQUÍA**

hiérarchie. A pesar de no haber realizado el servicio militar, es un político muy apreciado por las jerarquías militares. **Elevarse en la jerarquía** gravir les échelons. **Jerarca** haut dignitaire. **Jerárquico** hiérarchique. **En orden jerárquico** par ordre hiérarchique. **Jerarquizar** hiérarchiser.

**JERINGUILLA**

seringue. Un individuo lo amenazó con una jeringuilla infectada de Sida.

**JORNALERO**

un travailleur journalier. En Andalucía los jornaleros sólo trabajan durante el mes y medio que dura la recolección de aceitunas. **Jornal** salaire. **A jornal** à la journée.
➤ FA Journal **periódico.**

◎ **JUBILACIÓN** ***(syn. retiro)***

retraite. **La jubilación anticipada** la retraite anticipée. La jubilación anticipada ha provocado el descontento de varios empleados en la empresa. **Jubilarse** prendre sa retraite *(syn. retirarse)*. **Un jubilado** un retraité. En San Isidro, el 30% de la población es jubilada.

**JUDICIAL**

judiciaire. En España, ninguna mujer ocupa un alto cargo en el poder judicial.

◎ **JUGAR** ***(syn. entretenerse, divertirse)***

jouer. A los niños les gusta jugar con los coches miniatura. **Jugar fuerte** jouer gros jeu. **Jugar limpio** jouer «fair play». **Jugar una mala pasada** jouer un mauvais tour. **Juguete** jouet. **Juego** jeu. **Estar en juego** être en jeu. En Panamá, el futuro del canal está en juego. **Jugador** joueur.

◎ **JUGARSE**

1) risquer *(syn. arriesgar)*. **Jugarse la vida** risquer sa vie. 2) dépenser *(syn. gastarse)*. Anoche se jugó más de 30000 pesetas en el casino. **Hacer una jugarreta** jouer un mauvais tour.

◎ **JUNTA** ***(syn. asamblea, reunión)***

assemblée, conseil, junte, séance. El próximo viaje del primer ministro fue anunciado en la junta de portavoces. **Junta militar** junte militaire. **Junta general** assemblée générale. **Junta de empresa** comité d'entreprise. **Junta administrativa** conseil d'administration. **Juntamente** conjointement, ensemble.

◎ **JUZGAR**

juger. Seis personas son juzgadas por haber organizado una campaña anti OTAN. **A juzgar por** à en juger d'après. **Juicio** jugement, procès. **A mi juicio** à mon avis. **Poner en tela de juicio** remettre en question. **Juez** juge. **Juez de silla** ou **de línea** juge de touche ou de ligne.

# L

**LABOR (la)**
travail, labeur. **La semana laboral** la semaine de travail. UGT proponía una semana laboral de 35 horas. **Laborista** travailliste (du Labour Party britannique ou israélien). **Laborar** *(syn. trabajar)* travailler.

**LACRA**
1) trace, marque, reste. Las lacras de una enfermedad. 2) défaut, tare, plaie *(syn. defecto)*. Las carreteras españolas se han convertido en una lacra que causa miles de fallecimientos cada año.

**LAGUNA**
1) lagune. Venecia es una laguna. 2) lacune. Tengo muchas lagunas en gramática inglesa. 3) oubli *(syn. olvido, omisión)*. En este texto hay muchas lagunas. **Lagunas de la memoria** trous de mémoire.

**LAMENTAR** ***(syn. deplorar, sentir, quejarse)***
regretter, déplorer, se plaindre. Todos lamentan lo ocurrido pero nadie hace nada para impedir que tal catástrofe se vuelva a producir.

**LAZO**
1) lien. España tendrá que modificar los lazos privilegiados que mantiene con algunos países. **Lazos de matrimonio** les liens du mariage. 2) piège *(syn. trampa)*. **Caer en el lazo** tomber dans le piège.

◎ **LEAL**
1) loyal *(syn. honrado; ant. desleal)*. No fue muy leal en este asunto. 2) fidèle *(syn. fiel)*. Ser leal a su esposa. **Lealtad** loyauté, fidélité *(ant. deslealtad)*.

**LECHERO**
laitier. Saldrán perdiendo de la Unión los empresarios lecheros. **Industria lechera** industrie laitière. **Hacer las cuentas de la lechera** vendre la peau de l'ours.

**LEMA** ***(syn. divisa)***
devise (phrase). La asociación ecologista ha comenzado una campaña bajo los lemas «no juegues con el fuego, no quemes el futuro».

**LESIONAR**
1) endommager *(syn. dañar, lastimar)*. La sequía ha lesionado la cosecha de este año. 2) léser, faire du tort, nuire *(syn. perjudicar)*. Su comportamiento lesiona el buen funcionamiento de la empresa.

**LETRERO** ***(syn. inscripción, rótulo)***
écriteau, panonceau, enseigne. El letrero indica claramente que no se admiten los perros en este hotel.

**LEVE** ***(syn. ligero)***
léger. Se produjo una leve subida de los tipos de interés.

◎ **LEY**

loi. Se ha votado la primera ley tendente a contener la entrada de mano de obra extranjera. **Ley de la oferta y de la demanda** loi de l'offre et de la demande. **Estudiar ley** faire des études de droit. **A toda ley** selon les règles. **De ley pura** véritable. **Dictar la ley** faire la loi.

◎ **LIBERTAD**

liberté. **Libertad de expresión** liberté d'expression. **Libertad bajo fianza** liberté sous caution. **Libertad provisional** liberté provisoire. **Con entera libertad** en toute liberté. **Tratar con mucha libertad** traiter avec familiarité.

**LIBRO** ***(syn. obra)***

livre. Se han escrito muchos libros sobre la guerra civil española. **Libro de gran tirada** best seller. **Ahorcar los libros** jeter ses livres au feu. **Llevar los libros** tenir les livres (de comptabilité). **Libro mayor** grand livre. **Libro de mano** manuscrit. **Gran libro** grand livre de la Dette Publique.

◎ **LIDERAZGO** ***(syn. liderato, lideraje)***

leadership. El PRI quiere mantener su liderazgo en México. **Liderar** diriger *(syn. dirigir)*. Procter & Gamble, la multinacional que lidera el negocio de pañales en todo el mundo. **Líder** leader.

**LÍNEA**

1) ligne. Trazó varias líneas en un papel. **Las líneas de Nazca** les pistes de Nazca. 2) gamme, série. Le ofrecemos una nueva línea de productos. **Línea de pobreza** seuil de pauvreté. Un número elevado de Españoles se encuentra viviendo muy por debajo de la línea de pobreza.

**LISTO**

1) intelligent, si «listo» est employé avec «ser» *(syn. inteligente ; ant. tonto)*. El perro es un animal muy listo. 2) prêt, si «listo» est employé avec «estar» *(syn. preparado)*. El informe estará listo para mañana.

**LOCUTOR**

présentateur de radio. El locutor anunció que el ciclón John llegaría a Colombia hacia las dos de la tarde.

**LOGRAR** ***(syn. conseguir, obtener)***

atteindre, réussir, obtenir. El presidente de McDonalds en España ha logrado que la sociedad americana lidere la lista de las cien primeras franquicias por volumen de facturación que operan en nuestro país. **Logro** réussite *(ant. fracaso)*. El canal de Panamá está considerado como el mayor logro de la ingeniería moderna.

◎ **LUGAR**

1) lieu *(syn. sitio)*. Me gusta este lugar porque está muy animado por la noche. 2) place, rang. España ocupa el lugar 13 entre los países exportadores de armas. **Lugareño** villageois, habitant le lieu dont on parle. **Lugarteniente** lieutenant.

**LUTO**

deuil. **De luto** en deuil. Hubo cuarenta días de luto en Irán por la muerte de Jomeini. **Vestirse de luto** prendre le deuil. **Llevar luto por** porter le deuil de. ➤ FA lutte **lucha.**

# LL

**◎ LLAMAMIENTO**

appel. **Hacer un llamamiento** lancer un appel. El gobierno español había hecho llamamientos frecuentes para una pronta liberación de Mandela. **Llamar** appeler. **Llamada** appel. **Una llamada de larga distancia** un appel longue distance. **Una llamada al orden** un rappel à l'ordre.

**LLEVAR A CABO** ***(syn. llevar adelante)***

mener à bien. No se pudo llevar a cabo la realización del primer ejercicio de las pruebas selectivas. **Llevar adelante su familia** faire vivre sa famille.

**◎ LLEVARSE**

emporter, remporter. Se llevó el premio Nadal. **Llevarse la palma** remporter la palme. Madrileños y Barceloneses se llevan la palma cuando se habla de accidentes laborales. **Llevarse la parte del león** se tailler la part du lion. Fueron los EE.UU quienes se llevaron la parte del león en estas negociaciones.

**LLOVER**

pleuvoir. Aquí no ha llovido desde hace un año. **Llover sobre mojado** arriver coup sur coup. Dos ciclones llovieron sobre mojado en Cancún.

# M

16

**MACHACAR**

1) insister, râbacher *(syn. insistir, repetir)*. El profesor les machacó la misma lección durante varias semanas. 2) accabler *(syn. importunar)*. **Machacón** rebâcheur, raseur, obsédant. La salida del último soldado soviético de Kabul fue machaconamente repetida por la BBC. **Machaconería** rabâchage, bourrage de crâne.

**MADRE**

1) mère. Es madre de cinco chicos. 2) cause, origine *(syn. origen)*. La ociosidad es la madre de todos los vicios. **La madre del cordero** le fin mot de l'histoire, la clé de l'énigme. **Lengua madre** langue maternelle *(syn. idioma vernáculo)*.

**MADRIGUERA** ***(syn. escondrijo)***

repaire, cachette. La policía acabó por encontrar la madriguera de los terroristas.

**◎ MAGNITUD (syn. importancia, tamaño)**

ampleur, grandeur. Figueras es un centro de gran magnitud por la obra de Salvador Dalí.

**MAL EN PEOR (ir de)**

aller de mal en pis. El campo andaluz va de mal en peor.

**MALESTAR** *(syn. inquietud)*
malaise. **Sentir un malestar** éprouver un malaise.

**MALETÍN**
attaché case. Los secuestradores exigen diez millones de pesetas en un maletín. **Los hombres del maletín** les cadres, les dirigeants.

**MANÁ (el)**
manne. En España se habla del maná turístico.

◎ **MANDAR**
1) commander *(syn. ordenar, exigir)*. Los guardias de seguridad mandaron a los clientes que evacuaran el almacén. 2) envoyer, expédier *(syn. expedir, enviar)*. Le mandaron todos los documentos por correo. 3) gouverner *(syn. gobernar)*. **Mando** commandement, commande, envoi, cadre (responsable). **Mandamiento** commandement, ordre, mandat (d'arrêt).

**MANDATARIO** *(syn. presidente, jefe de estado)*
président, chef d'État. Los mandatarios de varios países visitan Madrid.

◎ **MANIFESTAR**
1) manifester *(syn. hacer una manifestación)*. Miles de obreros manifestaron en las calles. 2) témoigner, montrer *(syn. mostrar)*. Manifestó alegría. 3) déclarer *(syn. declarar)*. Jorge Semprún manifestó que la herencia de Dalí la distribuiría a la Fundación Gala-Dalí.

**MANO (la)**
main. **Mano de obra** main-d'œuvre. Los emigrantes mexicanos constituyen una mano de obra barata para EE.UU. **Echar una mano** donner un coup de main.

◎ **MANTENER**
1) maintenir, entretenir *(syn. alimentar)*. **Mantener a una familia** subvenir aux besoins d'une famille. 2) maintenir, soutenir. **Mantener la paz** maintenir la paix. **Mantener una opinión** soutenir une opinion. 3) tenir, échanger (propos). **Mantener un cambio de impresiones** procéder à un échange de vues. **Mantener una conversación** tenir une conversation. **Mantenimiento** entretien, maintien. El mantenimiento de España en la ONU.

**MANTENERSE**
1) se nourrir, vivre de. **Mantenerse con su trabajo** vivre de son travail. 2) tenir, rester. **Mantenerse firme** tenir bon. **Mantenerse en su puesto** tenir son rang, rester à sa place.

◎ **MAPA (un)** *(syn. plano)*
carte géographique. Este pueblecito no figura en el mapa. **Tarjeta postal** carte postale.

◎ **MÁQUINA**
machine. **Máquina de escribir** machine à écrire. **La máquina del estado** la machine de l'État. **Entrar en máquina** mettre sous presse (pour un journal). **Máquina tragaperras** machine à sous. **La maquinaria** les machines, la mécanique. **La maquinaria administrativa** l'appareil administratif.

**MARAÑA ▸**

1) tissu, enchevêtrement, imbroglio. **Una maraña de mentiras** un tissu de mensonges. 2) pagaille, confusion *(ant. orden)*. **¡Qué maraña!** quelle pagaille !

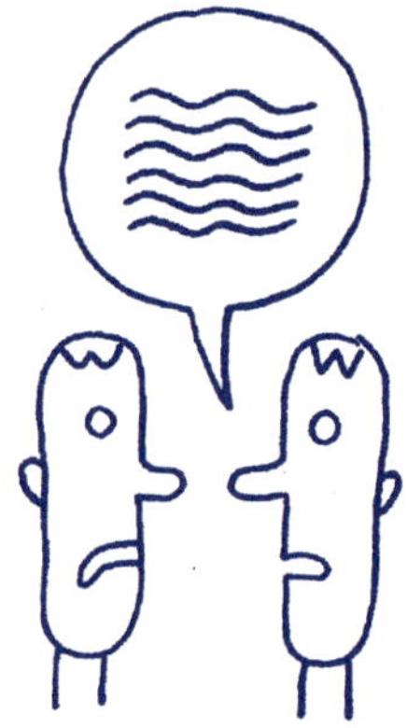

◎ **MARCA**

1) marque (de fabrique). **Marca registrada** marque déposée. 2) record, performance. **Vencer una marca** battre un record. **De marca mayor** Fam. énorme, gratiné. **Una tontería de marca mayor** une bourde énorme. **Marcadamente** nettement, tout à fait. **Un marcador de paso** un régulateur cardiaque.

**MARCAR**

1) marquer. Los enfrentamientos abiertos marcan la vibrante actualidad del país. **Marcar un gol** marquer un but. 2) composer (pour un n° de téléphone). Marcar un número. 3) se fixer (un objectif). **Marcar la meta** se fixer un but.

◎ **MARCO**

cadre, contexte. **En el marco de** dans le cadre de.

**MAREJADA**

agitation, effervescence. El alza de los precios en Venezuela levantó marejada. **Una marejada electoral** un raz de marée électoral. La re-elección de Reagan en 1984 fue una marejada electoral. **Maremoto** raz de marée.

**MARGEN**

1) marge, bord *(syn. borde, espacio)*. Dejo un margen a la izquierda de mi hoja para eventuales anotaciones. **Al margen de** en marge de. Vivir al margen de la sociedad. 2) bénéfice, gain *(syn. beneficio ; ant. pérdida)*. **Margen de ganancias** marge bénéficiaire. **De escaso margen** de justesse. **Marginación** marginalisation. **Marginado** marginal. Los gitanos son marginados. **Los okupas** les squatters. La policía expulsó a los okupas.

**MARIDAJE**

1) ménage, mariage *(syn. casamiento)*. España padece una falta de maridajes. 2) union, accord, harmonie *(syn. consorcio, unión)*. Hoy es imposible imaginar un maridaje entre socialistas y comunistas.

**MARRAS (de)**

1) en question. **El conflicto de marras** le conflit en question. 2) Fam. d'autrefois *(syn. antaño)*. Los recuerdos de marras.

◎ **MATANZA** ***(syn. masacre, eliminación)***

tuerie, massacre. Las matanzas étnicas del norte de Burundi. **Matar** tuer. ETA ha vuelto a matar. **Matar dos pájaros de un tiro** faire d'une pierre deux coups.

◎ **MATERIA**

1) matière. **Materia prima** matière première. **Materia gris** matière grise. **En materia de** en matière de. Los portavoces del seminario ministerial hispano-francés se congratularon de la proximidad de posiciones entre España y Francia en materia de construcción europea. 2) sujet, affaire *(syn. asunto)*. **Materia de estado** affaire d'état.

**MATIZ**
nuance. La contestación del Ministro tenía matices poco comprensibles.

**MATRÍCULA**
1) inscription *(syn. inscripción)*. La matrícula está abierta a partir del 3 de septiembre. 2) immatriculation. Hay miles de yates de matrícula panameña. **Matricular** inscrire.

**MÁXIME** ***(syn. sobre todo)***
surtout, à plus forte raison. Este objetivo es criticable, máxime si se tiene en cuenta de que para conseguirlo es necesario crecer menos. **Máximo** 1) maximum España aportará a la fuerza internacional humanitaria un máximo de 500 soldados. **Como máximo** au maximum, tout au plus 2) le plus grand. El Líder Máximo Fidel Castro.
➤ FA maxime **máxima.**

◎ **MAYORÍA**
majorité. El partido consiguió la mayoría absoluta en las elecciones. **La mayoría de las veces** la plupart du temps.

**MEDIDA**
1) mesure, taille *(syn. medición)*. Los instrumentos de medida. 2) mesure, décision *(syn. decisión)*. La oposición propone cinco medidas laborales. **Medir** mesurer.
➤ FA médire **denigrar, calumniar.**

◎ **MEDIO**
1) milieu *(syn. centro)*. Madrid se sitúa casi en el medio de España. Los medios bien informados. **El medio ambiente** l'environnement. **El justo medio** le juste milieu. **En los medios allegados a** dans l'entourage de. 2) moyen *(syn. procedimiento)*. El fin justifica todos los medios. **Los medios de producción** les moyens de production. 3) argent, finance. **Estar a corte de medios** être à court d'argent.

◎ **MEJORAR**
1) améliorer, augmenter *(syn. progresar; ant. empeorar)*. La preocupación de mejorar la calidad de los productos es constante. 2) aller mieux, se remettre *(syn. estar mejor de salud)*. Mi padre mejora desde su operación. **Mejoramiento, mejora, mejoría** amélioration *(ant. empeoramiento)*. Hasta el momento no se ha registrado ninguna mejora de su estado.

**MEMORIA**
1) mémoire, souvenir. Conforme pasan los años, voy perdiendo la memoria. **De memoria** par cœur. **Guardar la memoria** garder le souvenir de. **En memoria de** en souvenir de. **Venir a la memoria** se souvenir de *(syn. acordarse)*. 2) mémoire, exposé *(syn. informe)*. El libro «Confieso que he vivido» constituye las memorias de Pablo Neruda. **Una memoria de empresa** un rapport d'activité.

**MENGUAR** ***(syn. disminuir, decrecer; ant. aumentar)***
diminuer, décroître. Los sueldos menguaron en el año 1987. **Mengua** diminution *(syn. disminución)*.

**MENTALIZARSE**
prendre conscience de, se faire une raison de. He discutido un largo rato con él pero no consigue mentalizarse. **Mental** mental. Cálculo mental. **Mentalidad** mentalité. **Tener mentalidad abierta** avoir l'esprit ouvert.

**MEOLLO**
1) raisonnement, intelligence *(syn. juicio, entendimiento)*. Su discurso no tenía meollo. 2) cervelle, moëlle. El meollo es una masa nerviosa contenida en el cráneo. **El meollo de la cuestión** le cœur du problème.

◎ **MERCADO**
1) marché. **El mercado bursátil** le marché boursier. **Mercado de capitales** marché financier. **Mercado de valores** marché de valeurs. **Mercado libre, negro, paralelo** marché libre, noir, parallèle. **Copar un mercado** rafler un marché.

◎ **MERCANCÍA** ***(syn. mercadería, artículo)***
marchandise. **Mercancía averiada** marchandise avariée. **Mercancía falsificada** une contrefaçon.

**MERMA** ***(syn. baja, disminución; ant. incremento)***
baisse. La merma de los índices fue neutralizada al día siguiente. **Mermar** abaisser, baisser.

**MESA REDONDA** ***(syn. reunión)***
table ronde. En el hotel continental se celebran varias mesas redondas al mismo tiempo.

◎ **META** ***(syn. propósito, objetivo)***
but, objectif. **Conseguir una meta** atteindre son but.

**METÁLICO (en)**
en espèces. Siempre pagaba en metálico.

**MIL**
mille. Mil personas. **Miles de personas** des milliers de personnes. **Mil millones** un milliard.

◎ **MILAGRO**
miracle. Algunos especulan con el final del milagro japonés. **La vida y milagros de** les faits et les gestes de. La policía vigilaba la vida y milagros del terrorista.

**MINERÍA**
1) industrie minière. La minería mayor de Chile es la del cobre. 2) mineur *(syn. minero)*. La minería de Lorraine está en huelga.

**MOGOLLÓN** ***(syn. ingerencia)***
ingérence, intervention. EE.UU negó su mogollón en ese asunto latinoamericano. **De mogollón** par hasard *(syn. por casualidad)*.

**◎ MONEDA**
monnaie. **Dinero suelto** menue monnaie. **Monedero falso** faux monnayeur. **Monetario** monétaire. El Fondo Monetario Internacional.

**MOTÍN** ***(syn. sublevación, insurrección)***
émeute, insurrection. Al menos 11 reclusos de una prisión de Santo Domingo murieron durante un motín. **Amotinado** mutin *(syn. rebelde).* **Amotinarse** se mutiner.

**MÓVIL**
1) mobile, cause *(syn. razón, motivo).* Todavía se desconoce el móvil del accidente. 2) mobile, en mouvement *(ant. inmóvil).* **Teléfono móvil** teléphone mobile. **Material móvil** matériel roulant. **Movilidad** mobilité. **Movilidad del empleo** la mobilité de l'emploi. **Movilización** mobilisation.

17

**MUERTE** ***(syn. fallecimiento)***
mort. Algunos quieren ver restablecida la pena de muerte. **Muerte repentina** mort subite. **Herido de muerte** mortellement blessé. **A muerte** à outrance. **De mala muerte** sans importance, minable (fam.). Es un pueblecito de mala muerte.

**MUESTRA**
1) échantillon *(syn. modelo, representación).* El representante nos dejó varias muestras de colores. **Como botón de muestra** à titre d'exemple. 2) preuve *(syn. prueba).* Una prueba de buena voluntad. 3) exposition. **Feria de muestras** foire-exposition.

**MULTA** ***(syn. sanción, pena)***
amende. El establecimiento tuvo que pagar una multa por infracción tributaria. **Echar una multa** dresser une contravention.

**MUNDIAL**
1) mondial. En 1929 hubo una crisis mundial. 2) championnat du monde (football). España se calificó para el mundial.

**MUNDILLO** ***(syn. sociedad)***
monde (fig.). **El mundillo financiero, literario, taurino** le monde financier, des lettres, de la corrida. Existen varias películas que representan el mundillo de Don Camilo.

# N

**NARCO** ***(syn. narcotraficante)***
trafiquant de drogues. Los narcos peruanos compran y sobornan a jueces y a diputados. **Narcotráfico** trafic de drogues. **Narcodólares** dollars gagnés grâce au trafic de drogues. **Los cocaleros** les paysans boliviens et péruviens qui cultivent la coca.

**NAVIERA**
compagnie de navigation. Está en discusión la posibilidad de que las navieras españolas puedan beneficiarse de mayores ventajas fiscales. **Navegación** navigation. **Navegable** navigable. **Navegar** naviguer.

◎ **NECESITAR**

1) avoir besoin de *(syn. tener falta)*. Necesito tu ayuda. 2) exiger, requérir *(syn. requerir, exigir)*. La solución del problema necesita la concertación entre fuerzas nacionales.

◎ **NEGAR**

1) nier *(syn. rechazar; ant. afirmar)*. No niega el Rey la posibilidad de un viaje a Argentina el año que viene. 2) refuser *(ant. aceptar)*. Se negó a hacer cualquier comentario. 3) ne pas accorder *(ant. conceder)*. Le han negado el permiso de construir. **Negar en redondo** refuser tout net. **Negativa** refus *(syn. negación; ant. aceptación)*. **Recibir una negativa** essuyer un refus.

◎ **NEGOCIO**

1) magasin, boutique *(syn. comercio, tienda)*. Este verano trabajó en el negocio de su padre. 2) affaires. **Un hombre de negocios** un homme d'affaires. **Dedicarse a los negocios** être dans les affaires. **Negocio sucio** une affaire louche. **Un encargado de negocios** un chargé d'affaires. **Hablar de negocios** parler affaires. **Poner un negocio** monter une affaire. **Este negocio trae cola** on se bouscule au portillon. **Hacer un mal negocio** faire une mauvaise affaire. **Los negocios van por buen camino** les affaires prennent une bonne tournure.

**NEGOCIAR**

1) négocier *(syn. tratar)*, faire du commerce. España negocia con muchos países. 2) faire le commerce de *(syn. comerciar)*. Negociar en vino. **Negociar al por mayor** faire le commerce en gros. **Negociar al por menor** faire le commerce au détail.

**NEXO *(syn. vínculo)***

lien, trait d'union. Austria, nexo entre el Este y el Oeste. **Palabras sin nexo** des propos décousus.

◎ **NIVEL**

1) niveau. El nivel de vida americano va muy por delante del chino. El nivel de desempleo *(syn la tasa de paro)* le taux de chômage. 2) échelon. **A nivel nacional** à l'échelon national. **Nivelamiento** nivellement. **Nivelar** niveler.

◎ **NOMBRAR**

1) désigner *(syn. designar)*. Me nombraron para vender los activos de la sociedad. 2) nommer. Fue nombrado Presidente del Consejo. **Nombramiento** nomination.

**NORMA *(syn. regla)***

norme, règle. Es un juego que se caracteriza por lo sencillo de sus normas. **Las normas de la competencia** les règles de la concurrence. **Una norma de conducta** une règle de conduite. **Una norma esencial** un principe essentiel.

◎ **NOTICIA**

nouvelle. La noticia fue acogida con mucha alegría. **Una noticia bomba** une nouvelle sensationnelle *(syn. notición)*. **Circula la noticia de que** le bruit court que. **Las malas noticias llegan las primeras** pas de nouvelles, bonnes nouvelles.

**NO VA MÁS (el)**

le nec plus ultra. Este coche inglés es el no va más de la aristocracia.

**NUBE**
1) nuage. Hoy el cielo está lleno de nubes grises. 2) nuée. Al bajar del avión fue acogido por una nube de periodistas. **Caer de las nubes** tomber des nues. **Como caído de las nubes** tombé du ciel. **Descargar la nube** décharger sa colère, exploser. **Estar por las nubes** être hors de prix. **Pasar como una nube de verano** ne pas durer.

◎ **NÚMERO** ***(syn. cifra, cantidad)***
un chiffre, nombre. El número de toxicómanos que toman diferentes tipos de drogas es muy elevado. **Número redondo** chiffre rond. **Hacer número** faire nombre. **Hacer números** faire des comptes. **Ser el número uno** être un as.

# O

**OBEDECER** ***(ant. desobedecer)***
obéir à. **Obedecer las órdenes** obéir aux ordres. ETA manda sus comunicados y los demás obedecen.

**OBISPO**
évêque. **Cardenal** cardinal. **Cura** curé. **Sacerdote** prêtre. **Papa** pape. **Monje** moine. **Rabino** rabbin. **Imán** imam.

**OBJETIVO**
objectif. **Perseguir un objetivo** poursuivre un but. Uno de los objetivos de la «perestroika» era el de aumentar la cantidad y la calidad.

◎ **OBRA**
1) œuvre, livre *(syn. producción, libro)*. Ningún editor quería encargarse de publicar su obra. 2) chantier, travaux. **Las obras públicas** les travaux publics. **Obrero** ouvrier. **Obrar** agir, faire, travailler *(syn. ejecutar, trabajar)*.

**OBSEQUIAR**
1) offrir *(syn. regalar)*. La agencia de viajes obsequia un viaje gratis a Colombia al primero que conteste correctamente a la pregunta. 2) combler de prévenances, bien recevoir. **El alcalde obsequió a los peregrinos** le maire a reçu les pèlerins avec beaucoup d'égards. **Obsequio** cadeau, présent *(syn. regalo)*.

**OBSOLETO** ***(syn. pasado de moda)***
vieilli, démodé. Fue cuando los «Pershing 1 A» comenzaron a ser obsoletos.

**OBVIO** ***(syn. evidente, manifiesto; ant. discutible)***
évident, clair. **Obvio es decir** inutile de dire. Obvio es decir que el Euskera es lengua propia de las firmas vascas.

◎ **OCASIONAR** ***(syn. provocar, generar)***
causer, entraîner. El alza del yen no ha ocasionado pérdidas sensibles en los beneficios de las firmas japonesas.

**OCASIONES (en)** ***(syn. a veces)***
dans certains cas, parfois. En ciertas ocasiones figuraba la mención «causa de muerte desconocida».

◎ **OCIO** ***(syn. descanso ; ant. actividad)*** ▶
loisir, détente. Los crucigramas se encuentran en la página «ocio» de los periódicos. **Ociosidad** oisiveté, fainéantise.

**OFERTA**
offre. **La oferta y la demanda** l'offre et la demande. **Una oferta de empleo** une offre d'emploi.

**OFICINA**
bureau (lieu de travail). **Oficina de correos** bureau de poste. **Oficinista** employé de bureau. **Despacho** bureau (pièce où l'on travaille). **Escritorio** bureau (table de travail). **Agencia de colocaciones** bureau de placement. **Centro electoral** bureau de vote. **Con un lleno total** à bureaux fermés.

**OFIMÁTICA**
bureautique. Cada año vamos al salón de la ofimática para informarnos de las novedades.

**OJO**
1) œil. Una chica de ojos negros. 2) attention ! *(syn. cuidado con)*. ¡Ojo con los visitantes que entre ellos hay algunos ladrones!

◎ **OLA**
vague, poussée. Varias personas resultaron heridas en una ola de violencia en Pakistán. **Ola inflacionista** poussée inflationniste. **Ola de protestas** vague de protestations. **La nueva ola** la nouvelle vague.

**ONDEAR**
flotter (drapeau). Los nacionalistas vascos quisieron impedir que la bandera española ondeara en Bilbao.

◎ **OPORTUNIDAD**
1) chance *(syn. suerte, posibilidad)*. Tu hermano no ha tenido las mismas oportunidades que tú. 2) occasion *(syn. ocasión)*. **Aprovechar la oportunidad** profiter de l'occasion. En los años setenta algunos países pobres vieron en el precio del petróleo una oportunidad de desarrollo.

**OPTAR POR** ***(syn. elegir, escoger)***
choisir, se décider pour. Optó por unas botas de cuero marrón.

**ORDEN**

1) ordre, commandement, si le mot «orden» est utilisé au féminin *(syn. mando)*. Pocos hombres admiten recibir órdenes de una mujer. 2) ordre, rangement, si le mot «orden» est utilisé au masculin *(ant. desorden)*. **El orden del día** l'ordre du jour. **En orden de batalla** en ordre de bataille. 3) ordre, domaine *(syn.sector)*. **El orden económico** le domaine économique. **De orden financiero** d'ordre financier.

**ORDENACIÓN**

aménagement. **La ordenación del territorio** l'aménagement du territoire.

◎ **ORDENADOR *(syn. computadora)***

ordinateur. Muchas familias ya tienen un ordenador en casa. Ordenador portátil, ordenador personal de sobremesa portable. **Informática** informatique. **Proceso de datos** traitement de données. **Hardware** hardware. **Logicial** logiciel. **Impresora (láser)** imprimante (laser). **Disquete** (un) disquette. **Chip** puce. **Hacer clic** cliquer. **Icono** icône. **Haga clic sobre el icono** Cliquez sur l'icône. **Tecla** touche. **Teclado** clavier. **Menú** menu. **Ventana** fenêtre. **Site (un) Internet** un site Internet. **Internauta** internaute. **Navegar** naviguer, surfer.

**ORDENAR**

1) ordonner, commander *(syn. mandar, exigir)*. Ordenaron a los turistas que dejaran su cámara de fotografiar antes de entrar en la iglesia. 2) ranger *(syn. arreglar, clasificar)*.

**ORGANO**

1) organe. **Un banco de órganos** une banque d'organes. 2) élément, composant *(syn. elemento)*. El hombre detenido era un órgano vital de la oligarquía colombiana.

**ORIGEN (el) *(syn. principio, causa)***

origine, début, cause. El despido de varios obreros está al origen de las huelgas. **En su origen** à l'origine. **Original** original, originel. **Originar** provoquer, cause *(syn. causar)*.

**OSTENTAR *(syn mostrar, exhibir)***

montrer, étaler, faire étalage de. Holanda ostenta la presidencia de la Unión Europea.

**OTORGAR *(syn. conceder, consentir; ant. oponerse)***

1) concéder, accorder, octroyer, attribuer. La organización de los Juegos Olímpicos se otorgó a la ciudad de Barcelona en 1992. El candidato de la izquierda consiguió más votos que los que le otorgaban las encuestas. 2) décerner, conférer. **Otorgar un premio** décerner un prix. **Otorgar poderes excepcionales** conférer des pouvoirs extraordinaires.

**OZONO**

ozone. Las tres industrias químicas españolas disminuirán la producción de gases que dañan el ozono. **La capa de ozono** la couche d'ozone.

# P

**PABELLÓN**

1) pavillon. El pabellón francés en la feria internacional. 2) pavillon, résidence secondaire *(syn. residencia secundaria, vivienda).* Se ha construido un pabellón en las afueras de Madrid. 3) drapeau *(syn. bandera).* **Izar el pabellón** hisser le drapeau.

**PACTAR**

convenir de, arriver à l'accord. Aunque pactasen el centrista y el aliancista no sucedería nada. **Pacto** pacte *(syn. compromiso, acuerdo).* **Pacto de no agresión** pacte de non agression.

◎ **PADECER**

1) souffrir de *(syn. sufrir).* La incorporación de España a la CEE rompió el aislamiento que había padecido el país durante casi cinco siglos. 2) endurer *(syn. aguantar).* **Padecer privaciones** endurer des privations. 3) être atteint de, avoir. **Padecer gripe** avoir la grippe. 4) supporter *(syn. soportar, aguantar).* **Padecer el mal genio de alguien** supporter le mauvais caractère de quelqu'un. 5) connaître, éprouver *(syn. experimentar, sentir).* **Padece una gran desilusión** il éprouve une grande déception. **Padecer de** souffrir de, manquer de *(syn. carecer).* Padecieron de médicos para socorrer a las víctimas del terremoto en Armenia. **Padecido** qui a souffert. **Padecimiento** épreuve, souffrance.

◎ **PAGAR**

1) payer *(syn. abonar).* Todavía no ha acabado de pagar su coche. **Pagar al contado** payer au comptant. **Pagar por meses** payer au mois, par mensualités. **Pagar a plazos** payer à terme, à tempérament, à crédit. **Pagar el pato** ou **los vidrios rotos** payer les pots cassés. **Pagar a toca teja** payer cash. **Pagar en metálico, en efectivo** payer en espèces. 2) payer (fig.). **Pagar un error** payer une erreur. **Pagar con su vida** payer de sa vie. **Pagar con la misma moneda** rendre à quelqu'un la monnaie de sa pièce. **Un pagaré** un billet à ordre. **La paga** la paye *(syn. sueldo).* **La hoja de paga** la feuille de paye. **El pago** le paiement. **Peaje** péage (d'autoroute)

18 ◎ **PAÍS** ***(syn. nación)***

pays. **País de procedencia** pays d'origine. **Países no alineados** pays non alignés.

**PALABRA**

1) parole. **Pedir la palabra** demander la parole. **Cumplir su palabra** tenir parole. **Dirigir la palabra** adresser la parole. 2) mot *(syn. vocablo).* Una palabra inglesa. **Palabra clave** mot clef. **Palabra de doble sentido** mot à double sens. **Palabras al aire** mots en l'air. **Con medias palabras** à mots couverts. **Palabra de honor** parole d'honneur. **Palabras cruzadas** mots croisés *(syn. crucigrama).* ➤ FA. palabre **palabrería, palabreo.**

**PALESTRA**

fig. échiquier. **La palestra parlamentaria** l'échiquier parlementaire. **Salir** (ou) **saltar a la palestra** descendre dans l'arène (fig.). El ex-ministro ha salido a la palestra pública y ha repetido su versión oficial.

◎ **PANTALLA**

écran. **La pequeña pantalla** le petit écran. Era la primera vez que Alain Delon se prestaba para trabajar en la pequeña pantalla. **Llevar a la pantalla** porter à l'écran. El sueño de Carlos Saura era llevar a la pantalla la vida de Aguirre. **Servir de pantalla** servir de paravent.

**PAÑO**

1) tissu, drap, étoffe *(syn. tela, tejido).* **Un paño negro** un drap noir. 2) fig. **Paños calientes** palliatifs, remèdes inefficaces. **Conocer el paño** connaître la musique. **Jugar a dos paños** jouer double jeu, miser sur deux tableaux. **No andarse con paños tibios** ou **templados** ne pas y aller de main morte, ne pas prendre de gants. **Ser del mismo paño** être du même gabarit.

**PAPA**

pape. El Papa Juan Pablo II viajó a España varias veces. **El Sumo Pontífice** le Souverain Pontife ➤ FA papa **papá.**

◎ **PAPEL**

1) papier. 2) rôle. **Desempeñar un papel** jouer un rôle. **Papel protagonista** rôle de premier ordre. **Papeleo** paperasserie. **Papelera** corbeille à papiers.

**PAR (a la)**

1) en même temps, simultanément, tout en. Hablaba a la par que comía. 2) également *(syn. igualmente).* El eje Moscú Pretoria significa en el mercado mineral una situación de dominio a la par en platino, cromo y otros. ➤ FA une part **una parte.**

**PARADERO**

endroit *(syn. lugar),* destination *(syn. destino),* lieu où l'on se trouve, demeure *(syn. casa).* **Se ignora su paradero** on ignore où il se trouve, le lieu où il demeure. Muchos políticos ocultan su paradero durante las vacaciones para estar más tranquilos. **Parada** arrêt, pause. **Pararse** s'arrêter, faire une halte, cesser.

**PARADOJA** ***(ant. lógica)***

paradoxe. La omnipotente informática de Hacienda lucha con una grave paradoja: la falta de personal para mantenerla. **Paradójico** paradoxal.

**PARAJE** ***(syn. sitio, lugar)***

site, lieu, endroit. **Un paraje salvaje** un site sauvage. La película se rodará en los más bellos parajes de Costa Rica.

**PARANGÓN** ***(syn. modelo, comparación)*** ▶

modèle, comparaison, rapprochement. Este modelo de cambio no tiene parangón en España.

**PARCELACIÓN**

morcellement, parcellement, lotissement. La parcelación de las tierras. **Parcelaria** remembrement. **Parcelar** parceler, aménager. **Parcela** terrain, propriété *(syn. terreno, propiedad).*

**PARCHE**

1) rustine *(syn. pegote)*, raccord, retouche *(syn. remiendo)*. 2) **Pegar un parche a uno** tromper, rouler quelqu'un *(syn. engañar)*. 3) (fig.) solution provisoire. La solución sería ampliar la carretera como parche de urgencia.

**PAREJA**

1) paire. **Hacer pareja con** faire la paire avec. 2) couple. Son numerosas las parejas que han utilizado la inseminación in vitro.

◎ **PARO** ***(syn. desempleo ; ant. empleo)***

chômage. En esta región el paro afecta a cerca del 25 % de la población activa. **Paro estacional** chômage saisonnier. **Paro encubierto** sous-emploi. **Estar en paro forzoso** être au chômage. **La tasa de paro** le taux de chômage. **Parado** chômeur.

**PARTE (un)** ***(syn. noticia, aviso, comunicado)***

depêche, message, communiqué, bulletin. **Un parte meteorológico** bulletin météo. **Un parte médico** un bulletin de santé. **Un parte de boda** un faire-part de mariage. **Una parte** une partie. **Parte contraria** partie adverse. **Dar parte** avertir. **Por todas partes se va a Roma** tous les chemins mènent à Rome.

◎ **PARTICIPAR**

communiquer, informer *(syn. informar, anunciar, avisar ; ant. callar)*. Dentro de pocos minutos participarán el nombre del nuevo Presidente de EE.UU. **Participar en** participer à, prendre part. España participará en el próximo campeonato mundial de fútbol. **Participar de** partager *(syn. compartir)*. **No participo de su opinión** je ne suis pas d'accord avec lui.

**PARTIDA**

1) départ *(syn. salida)*. La partida del tren. 2) bande *(syn. cuadrilla, pandilla)*. **Una partida de gamberros** une bande de voyous. **Partida de nacimiento** extrait de naissance. 3) partie. **Una partida de naipes** une partie de cartes. **Jugar una mala partida** jouer un mauvais tour. **Dar la partida por ganada** crier victoire.

◎ **PARTIDARIO**

partisan. Euskadiko Eskerra se muestra partidario de mantener la discreción en el asunto. **Ser partidario de** être partisan de.

◎ **PARTIDO**

1) un parti politique. **Un partido de derecha, de izquierda, centrista** un parti de droite, de gauche, du centre. Con ese programa audaz y prudente a la vez su partido logró conquistar a muchos jóvenes. 2) camp. **El partido de oposición** le camp de l'opposition. 3) profit *(syn. beneficio, provecho)*. **Sacar partido** tirer profit. 4) équipe *(syn. equipo)*. **El partido contrario** l'équipe adverse. 5) match, partie. Un partido de fútbol.

◎ **PASAR**

1) passer. Para ir a Tarragona, pasaré por Barcelona. 2) transmettre *(syn. transmitir)*. Pasar un mensaje. Pasar un poder. 3) traverser *(syn. cruzar)*. Pasaremos el Río Grande. 4) doubler, dépasser. Pasar un coche. 5) souffrir *(syn. padecer)*. Pasar hambre. 6) laisser passer, pardonner *(syn. perdonar, dejar, pasar)*. Esta sí que no te la pasaré. **Pasarlo bien** ou **bomba** bien s'amuser *(ant. aburrirse, pasarlo mal)*. **Pasarlo mal** s'ennuyer, avoir des difficultés. **Pasar revista a** passer en revue.

**◎ PASAR + préposition**

1) **pasar a** en venir à, passer à. Paso al tema principal. **Pasar a las manos** en venir aux mains. **Pasar a ser** devenir *(syn. volverse)*. Pasó a ser un hombre razonable. 2) **pasar con** s'arranger avec, s'accomoder de *(syn. arreglarse con)*. 3) **pasar de** dépasser, être plus de. **No podemos pasar de diez** nous ne pouvons pas être plus de dix. **Pasar de largo** passer sans s'arrêter *(syn. no pararse)*. **Pasar de moda** passer de mode *(syn. ya no estar de moda)*. **Pasar de la raya** dépasser les bornes *(syn. rebasar los límites)*. **Pasar de castaño** être trop fort, être le comble. 5) **pasar por alto** passer sous silence *(syn. callar)*, fermer les yeux sur *(syn. hacer la vista gorda, tolerar)*.

**PASOTISMO**

Phénomène socio-culturel chez les jeunes qui affectent ou expriment de l'indifférence face aux normes et aux principes de la société. Siente pasotismo por la política y la religión. **Pasar** s'en moquer. **El pasote** le walkman.

**◎ PATINAZO**

1) dérapage, patinage. **Dar un patinazo** déraper. El patinazo de la economía peruana. 2) faux pas, bavure. Nuevo patinazo de la policía. (fig.) **Dar un patinazo** se mettre le doigt dans l'œil. **Patinar** glisser, déraper *(syn. deslizarse, resbalar)*, se tromper *(syn. equivocarse)*.

**PATROCINADOR**

protecteur, sponsor. La cifra de patrocinadores y suministradores para Seúl era de 136. **Patrocinar** sponsoriser, protéger, appuyer *(syn. apoyar, ayudar)*. **Fiesta patrocinada por** fête sous le patronage de. **Patrocinio** patronage, appui *(syn. apoyo)*, protection *(syn. protección)*.

**◎ PATRONAL (la)** ***(syn. patronato)***

le patronat. La patronal de empresas hoteleras dice que este año no se han notado muchas pérdidas en el turismo. **Cierre patronal** lock out.

**PAULATINAMENTE** ***(syn. poco a poco, lentamente)***

peu à peu, en douceur, lentement. González paulatinamente se iba configurando como uno de los mediadores más posibles. **Paulatino** lent *(syn. lento)*, progressif *(syn. progresivo)*.

**◎ PEDIDO**

commande. Es un programa que cuenta con pedidos de dos millones de líneas urbanas. **Entregar un pedido** livrer une commande. **Hacer un pedido** passer une commande. **Los pedidos pendientes** les commandes en attente. **A pedido de** sur la demande de. **Una hoja de pedido** un bon de commande.

**◎ PEDIR**

1) demander. **Pedir informaciones** demandes des informations. **Pedir peras al olmo** demander l'impossible. **Pedir una cita** demander un rendez-vous. 2) demander, commander *(syn. encargar)*. Hemos pedido una paella para cinco personas. 3) demander, nécessiter *(syn. requerir)*. Este trabajo pide paciencia. **A pedir de boca** au bon moment. **No hay más que pedir** on ne peut pas demander mieux. 4) présenter *(syn. presentar)*. **Pedir disculpas** présenter des excuses. **Pedir préstamo** emprunter. **Pedir socorro** appeler au secours.

**PEGATINA**

autocollant. Hicieron una campaña por medio de pegatinas y carteles. **Pegar** coller, frapper.

**PELEA**

1) bataille, lutte *(syn. lucha)*, bagarre. Fue detenido por haber participado en una pelea. **Buscar pelea** chercher la bagarre. 2) combat. **Una pelea de gallos** un combat de coqs. **Peleador** combattant, bagarreur, batailleur *(syn. peleante, peleón)*. **Pelear** combattre, lutter *(syn. luchar)*. **Pelear por** se battre pour.

◎ **PENDIENTE**

1) en attente, en instance, en suspens. Con China está pendiente un acuerdo de cooperación técnica general. **Los problemas pendientes** les problèmes en suspens. **Expediente pendiente** dossier en instance. 2) courant. **Asuntos pendientes** affaires courantes. **Estar pendiente** dépendre, être à la merci de, être suspendu à.

**PENSIÓN**

pension, retraite *(syn. retiro)*. El ministro está en contra de pagar las pensiones con los impuestos. **Pensión alimenticia** pension alimentaire. **Cobrar la pensión** toucher la retraite *(syn. cobrar el retiro)*. **Pensionista** retraité *(syn. jubilado)*. **Pensionario** pensionnaire. **Pensionado** pensionnat, pension.

◎ **PEÓN**

manœuvre *(syn. obrero)*, ouvrier agricole. En el campo andaluz los peones sólo trabajan tres meses al año. **Peonada** journée d'un manœuvre. **Peonaje** équipe de manœuvres. **Peonar** travailler comme manœuvre ou ouvrier agricole.

**PERCANCE**

1) contretemps *(syn. contratiempo)*. Un percance de último momento le impidió asistir a la ceremonia. 2) inconvénient *(syn. inconveniente; ant. ventaja)*. **Los percances del oficio** les inconvénients du métier.

**PERCATARSE DE (syn. darse cuenta de, reparar)**

1) s'apercevoir, se rendre compte de. El visitante no se percató de la elegante fachada del gran teatro del Liceo. 2) s'informer, se renseigner *(syn. enterarse, informarse)*. Tendré que percatarme de los precios.

◎ **PERDONAR**

1) pardonner (pr. ou fig.). 2) faire grâce de. **Perdonar la vida** faire grâce de la vie. 3) reculer devant, renoncer à *(syn. renunciar)*. La cumbre concluyó con el compromiso de los siete países más industrializados de perdonar parte de la deuda a los más pobres. **No perdonar ningún obstáculo** ne reculer devant aucun obstacle. 4) laisser passer.

**PERDURAR** ***(syn. durar, subsistir)***

subsister, durer longtemps. **Una negociación que perdura** une négociation qui n'en finit plus. **Perdurable** durable *(syn. duradero)*, éternel *(syn. eterno)*.

**PERECEDERO**

périssable. **Un producto perecedero** une denrée périssable. **Perecer** mourir, périr *(syn. morir, terminar; ant. nacer, empezar).*

**PERITO** ***(syn. experto)***

expert. **Perito en contabilidad** expert comptable. **Perito tasador** commissaire priseur. **A juicio de peritos** au dire des experts. **Peritación** expertise.

◎ **PERJUDICAR**

nuire *(syn. dañar, estropear)*, porter préjudice, porter tort. El accidente perjudicó todas las centrales nucleares. **Perjuicios** *(syn. daños)* dommages, préjudices. **Daños y perjuicios** dommages et intérêts. **Reparar un perjuicio** réparer un tort, un dommage. **Causar perjuicio** porter préjudice. **En perjuicio mío** à mes dépens. **Perjudicial** nuisible, préjudiciable.

**PERVIVENCIA** ***(syn. supervivencia)***

survivance, permanence, continuité. De la providencia dependerá la pervivencia o la desaparición del mundo.

**PESQUISA** ***(syn. encuesta, investigación)***

enquête, recherche, perquisition. La pesquisa judicial se persigue a tres militares detenidos por la acusación de extorsión. **Pesquis** flair, nez *(syn. perspicacia).* **Pesquisidor** enquêteur *(syn. investigador).* **Pesquisar** rechercher *(syn. buscar, investigar)*, enquête *(syn. encuestar)*, perquisitionner.

◎ **PETICIÓN**

demande, requête, pétition. Miles de nacionalistas se manifestaron fuera del edificio para apoyar la petición. **Petición de mano** demande en mariage. **Petición de indulto** pourvoi, recours en justice. **A petición de** à la demande de. **En petición de** en quête de, pour réclamer. Los estudiantes ocuparon la plaza deTienanmen en petición de democracia y libertad.

◎ **PETRÓLEO**

pétrole. **Petróleo crudo** ou **bruto** pétrole brut. Hace pocos días andaba el barril de petróleo crudo ligeramente por debajo de los 35 dólares. **Petrolero** pétrolier (bateau). **Petrolífero** petrolifère. **Petroquímica** pétrochimie.

◎ **PIE**

pied. **Al pie de la letra** au pied de la lettre. **A pies juntillas** à pieds joints. **Al pie de la página** au bas de la page. **Al pie de** à côté de *(syn. al lado de).* **Estar de pie** être debout. **Dar pie** donner l'occasion, donner sujet de. **Estar en pie** se poser (problème) *(syn. plantearse).* **No tener ni pies ni cabeza** n'avoir ni queue ni tête. **Pararle a uno los pies** remettre quelqu'un à sa place. **Saber de qué pie cojea uno** savoir où le bât blesse. **Ser pies y manos de uno** être le bras droit de *(syn. ser el brazo derecho de).* **Tratar con la punta del pie** ne pas ménager.

**PIEL**

1) peau. **La piel morena** la peau bronzée. 2) fourrure, cuir. **Un abrigo de piel** un manteau de fourrure. **Cambiar de piel** faire peau neuve.

**PIEZA**

pièce. Un spot publicitario puede ser la pieza más importante de una campaña de publicidad. **Una pieza de moneda** une pièce de monnaie. **Pieza de recambio** ou **de repuesto** pièce de rechange.

**PIONERO ▶**

pionnier, précurseur. Se solía decir que Marte era un planeta inalcanzable hasta que un pionero lo logró.

**PINGÜE** ***(syn. abundante, ventajoso, provechoso)***

gros, gras, abondant, rentable. Los países productores de armas obtuvieron pingües beneficios con los 36 conflictos.

**PIRÁMIDE**

pyramide (pr. ou fig.). Egipto es el país de las pirámides. **Pirámide de edades** pyramide des âges.

**PIRATERÍA**

piraterie. Debido al peligro de posible piratería fuera de Noruega, el invento no será mostrado al público por el momento. **Piratería aérea** piraterie aérienne. **Pirata** pirate. **Emisión pirata** émission pirate.

◎ **PLAGA**

1) plaie (fig.), fléau, catastrophe *(syn. infortunio)*, calamité *(syn. flagelo, calamidad)*. El desempleo es la plaga mayor de México. 2) abondance, foison *(syn. abundancia)*. Había plaga de frutas. 3) épidémie *(syn. epidemia)*. **Plagado** de couvert de, criblé de.

◎ **PLAN**

plan, projet *(syn. proyecto, programa)*. No tengo ningún plan para las vacaciones. **Hacer planes** faire des plans, des projets. **Plan de ordenación** plan d'aménagement. **Un plan de ataque** un plan d'attaque. **Plan de actuación** plan d'action.

**PLANA MAYOR**

l'état-major. La plana mayor de la masonería europea e iberoamericana se dieron cita ayer en la universidad de verano de El Escorial.

◎ **PLANEAR**

1) projeter, prévoir *(syn. idear, proyectar)*. **Planear un viaje** projeter un voyage. 2) planer. Esta es la única sombra que ha planeado sobre el campeonato del mundo. 3) préparer, organiser *(syn. organizar, preparar)*. **Planear una rebelión** préparer une rébellion. **Planeamiento** projet *(syn. proyecto)*, organisation *(syn. organización)*. **El planeamiento de un viaje** l'organisation d'un voyage.

**PLANETA (el)**

planète. La URSS era la primera productora de recursos minerales del planeta. **Planetario** planétaire.

◎ **PLANO**

plan (une carte). Es una ciudad para recorrerla con el plano en la mano. **Plano de fondo** arrière plan. **De primer plano** de premier plan. **El primer plano** le premier plan. **Poner en primer plano** mettre en vedette.

◎ **PLANTA**

1) usine *(syn. fábrica)*. Una planta siderúrgica. 2) centrale *(syn. central)*. Una planta nuclear. La nueva planta nuclear empezará a funcionar en Junio. 3) étage *(syn. piso)*. Una casa de dos plantas. **La planta baja** le rez-de-chaussée.

**PLANTE (un)**

revendications présentées en commun, révolte, débrayage *(syn. huelga)*. Los sindicatos no quieren recurrir como en el pasado a los plantes o amenazas de plantes. ➤ FA plante **planta.**

**PLANTEAMIENTO**

façon de poser un problème, attitude, une prise de position, exposé, énoncé. **El planteamiento de un problema** l'énoncé d'un problème.

◎ **PLANTEAR**

1) poser. **Plantear un problema** poser un problème. **Plantearse la cuestión** se poser la question. 2) considérer, penser *(syn. pensar)*. Siempre hemos planteado que la conmemoración del V aniversario de América Latina tenía que crear bases para una creciente cooperación. 3) établir, instituer *(syn. establecer)*. Plantear una reforma.

**PLANTEL**

1) pépinière, terrain. 2) groupe *(syn. grupo)*. Un plantel de artistas. Aprovecharé estos días para hacer algunas charlas con el plantel.

◎ **PLANTILLA**

le personnel, l'effectif. Los trabajadores han sufrido un tremendo ajuste de plantillas. **Estar en plantilla** faire partie des effectifs. **Puesto de plantilla** poste permanent.

◎ **PLAZO**

1) délai. **Un plazo de quince día**s un délai de quinze jours. **Plazo de despedida** préavis de congé ou de licenciement. **Plazo de entrega** délai de livraison. **Plazo de respiro** délai de grâce. 2) terme, échéance *(syn. vencimiento)*. El plazo vence dentro de un mes. **Operación a plazo** marché à terme. **Comprar, vender a plazos** vendre, acheter à crédit. **A corto, largo, medio plazo** à court, long, moyen terme.

**PLEITEAR** ***(syn. pleitar)***

plaider. **Pleiteador** plaidant *(syn. pleiteante)*. **Las partes pleiteantes** les parties plaidantes. **Pleitesía** hommage. **Rendir pleitesía** s'incliner devant. **Pleito** procès *(syn. proceso)*. **Armar pleito** intenter un procès.

**PLUSMARCA** ***(syn. récord)***

record. El tiempo registrado por Carl Lewis suponía un considerable avance sobre la anterior plusmarca.

**PLUSVALÍA**

plusvalue. Los precios tendrán que ir subiendo hasta homologarse con los europeos lo que supondrá unas buenas plusvalías.

**POBLACIÓN**

1) population. **La población española** la population espagnole. **La población activa** la population active. 2) ville *(syn. urbe, ciudad)*. Vive en la población de Madrid. **En la población** en ville. 3) peuplement. 4) empoissonnement. La población de un río. **Poblar** peupler (gens ou animaux), planter *(syn. plantar)*.

**PODER (el)**

1) pouvoir, autorité *(syn. autoridad)*. Tiene un gran poder en la empresa. 2) puissance *(syn. fuerza, poderío)*. Tiene un gran poder de resistencia. 3) pouvoir. **Poder judicial, legislativo, ejecutivo** pouvoir judiciaire, législatif, exécutif. **Poder adquisitivo** pouvoir d'achat. **Plenos poderes** pleins pouvoirs. **Poder disuasivo** force de dissuasion. **Entrega de poderes** passation de pouvoirs. **Dar poderes** donner procuration. **De poder a poder** à égalité. **Poderoso** puissant *(ant. débil)*.

**PODERÍO *(syn. poder)***

puissance. El poderío nuclear ya no es una amenaza posible sino un riesgo inútil. **Poderoso** puissant *(ant. débil)*.

**PODIO**

podium. El Presidente fue precedido por su esposa en el podio de oradores.

**POLIDEPORTIVO**

stade omnisports. En vistas de los JJ.OO, se habían construido dos nuevos polideportivos.

**POLIFACÉTICO *(syn. polivalente)***

polyvalent, touche à tout. El polifacético Fernando Arrabal: dramaturgo, narrador, cineasta...

**POLÍGONO INDUSTRIAL *(syn. zona industrial)***

zone industrielle. Quieren presentar al alcalde una moción en contra del polígono industrial que contamina la región.

**PÓLIZA**

police d'assurance. **Suscribir una póliza** souscrire une assurance. El negocio de Lloyds consiste en reasegurar pólizas entre otras compañías del sector para repartir riesgos. ➤ FA la police **la policía**; un policier **un policía**.

◎ **PONER**

1) poser, mettre *(syn. colocar)*, placer. Puso el expediente en la mesa. 2) mettre. **Poner la mesa** mettre la table. 3) écrire, rédiger *(syn. escribir)*. **Poner por escrito** mettre par écrit. 4) exposer, énoncer *(syn. enunciar, exponer)*. **Poner condiciones** énoncer des conditions. 5) porter, déposer. **Poner una cantidad en una cuenta** déposer une quantité sur un compte. 6) supposer *(syn. suponer)*. **Pongamos que no acepte** supposons qu'il n'accepte pas.

◎ **PONER + expressions**

1) **poner coto** mettre un terme. En Norteamérica pusieron coto a la segregación racial en 1964. 2) **poner de manifiesto** mettre en évidence *(syn. poner de realce)*. 3) **poner en cuarentena** mettre en quarantaine. Le pusieron en cuarentena a causa de su enfermedad. 4) **poner en juego** mettre en jeu. Puso en juego todos sus bienes. 5) **poner a prueba** mettre à l'épreuve. 6) **poner al día** mettre à jour. 7) **poner a punto** mettre au point. 8) **poner a votación** mettre aux voix. 9) **poner buena cara** faire bonne figure. 10) **poner en claro** tirer au clair. 11) **poner en duda** mettre en doute. 12) **poner en pie** mettre sur pied. 13) **poner en tela de juicio** mettre en question.

◎ **PORCENTAJE** ***(syn. tanto por ciento)***

pourcentage. La población activa se pierde en un extraño baile de cifras y porcentajes.

◎ **POR MAYOR (el)**

le commerce de gros. **Vender al por mayor** vendre en gros *(ant. vender al por menor)*.

**PORMENORIZAR** ***(syn. detallar)***

détailler, entrer dans le détail. **Pormenorizó cada episodio** il raconta en détail chaque épisode. **Pormenor** détail *(syn. detalle)*, **Pormenores** tenants et aboutissants, les à-côtés. **Los pormenores de una historia** les à-côtés d'une histoire. **Pormenorizado** détaillé *(syn. detallado)*.

**PORTADA**

1) portail. La portada de un edificio. 2) couverture. **La portada de una revista** la couverture d'une revue. En la portada de la revista había una foto de Lady Di.

◎ **PORTAVOZ** ***(syn. delegado, representante)***

porte parole. **Portavoz del gobierno** porte parole du gouvernement. **Megáfono** porte-voix.

◎ **POSEER**

1) posséder. Las multinacionales en España poseen el 25% del empleo del sector alimenticio. 2) détenir *(syn. detentar)*. **Poseer un récord** détenir un record. 3) dominer, bien connaître *(syn. conocer a fondo)*. Poseo dos idiomas. **Poseído** possédé, dominé. **Posesionar** mettre en possession. **Posesor** possesseur, détenteur.

◎ **POSIBILITAR**

faciliter *(syn. facilitar)*, permettre *(syn. permitir)*, rendre possible *(syn. hacer posible)*. Con sus gigantescas compras la Unión europea ha posibilitado el enorme crecimiento industrial surcorreano.

**POSTERGAR**

1) ajourner *(syn. aplazar)*. Postergar un pago. 2) laisser en arrière *(syn. dejar atrás)*, laisser de côté *(syn. dejar de lado)*, négliger *(syn. descuidar)*. Los de Iparretarak no están dispuestos a postergar el principio de la lucha armada. 4) léser un employé. **Postergación** ajournement *(syn. aplazamiento)*, mise à l'écart *(syn. relegación)*, oubli *(syn. olvido)*.

◎ **POSTRERO** ***(syn. último, postrimero ; ant. primero)***

dernier. La muchedumbre desafió el frío para dar su postrer adiós al viejo caudillo político. **Postreramente** à la fin *(syn. al final)*.

◎ **POSTURA**

1) pose, position, attitude *(syn. actitud)*. No tiene una postura muy clara frente a este problema. Tiene una postura radical contra la permanencia de España en la OTAN. 2) condition, situation *(syn. situación)*. **Estar en mala postura** être dans une mauvaise situation. 3) pari *(syn. apuesta)*, mise. Una postura de 5000 pesetas.

◎ **POTENCIA**

puissance. Una potencia militar. No se suele considerar a España como una gran potencia en fútbol. **Potestad** puissance, pouvoir. Las Comunidades Autónomas tienen potestad exclusiva sobre el trazado de carreteras. **Potente** puissant *(ant. débil)*. **Potenciar** donner de la puissance à, renforcer la puissance, accroître les possibilités.

**POZO**

puits. **Pozo airón** puits sans fond. **Un pozo petrolífero** un puits de pétrole. **Torre de perforación** derrick. **Oleoducto** pipe-line.

**PRÁCTICAS**

stage. Realizar prácticas faire un stage. (syn. estar de meritorio). Los jóvenes efectúan cada vez más prácticas para facilitar su inserción en la vida profesional. **Practicar** pratiquer. **Practicar deporte** faire du sport.

**PRECIO** ***(syn. valor, importe)***

prix. **Precio de coste** prix de revient. **Precio barato** prix bas *(ant. caro)*. **Precio de fábrica** prix coûtant. **Precio por unidad** prix unitaire. **Precio tope** prix plafond, prix maximal. **Poner precio a** fixer le prix de. **La caída de los precios** la chute des prix. **Los precios dieron un tirón** les prix grimpèrent en flèche.

**PREDECIR**

prédire. Hay indicadores económicos que no predicen una nueva tendencia.

◎ **PREFERENCIA**

préférence, prédilection, priorité. El informe insiste en las carencias en la aplicación nacional de la preferencia comunitaria. **Preferente** préférentiel *(syn. preferencial)*. **Preferible** préférable. **Preferir** préférer.

◎ **PRENSA**

presse. La prensa del corazón es la que tiene mayor difusión en el país. **Libertad de prensa** liberté de presse. **Dar a la prensa** faire imprimer. **Entrar ou poner en prensa** être mis sous presse.

◎ **PRESA**

1) barrage *(syn. embalse)*. El agua de las presas será aprovechada para el riego de los campos de las cercanías. **Presa de contensión** barrage de retenue. 2) prise. **Una buena presa** une bonne prise. 3) proie. **Ave de presa** oiseau de proie. **Ser presa de** être en proie à, être la proie de. **La casa era presa de las llamas** la maison était la proie des flammes.

◎ **PRESCINDIR**

faire abstraction de, ne pas tenir compte de, se passer de. **No puedo prescindir de él** je ne peux pas me passer de lui. Hay en el gabinete algunas personas de cuya buena imagen no quiere prescindir el Presidente. **Prescindiendo de** abstraction faite de, indépendamment de. **Prescindible** dont on peut se passer *(ant. imprescindible)*.

**PRESENCIAR ►**
assister à *(syn. asistir a)*, être présent, être témoin de *(syn. ser testigo de)*. El padre no quiso que la hija presenciara esa triste ceremonia. **Presencia** présence. **Testigo presencial** témoin oculaire *(syn. testigo ocular)*.

**PRESIONAR**
faire pression sur. Diversas publicaciones intentaron presionar y amenazar a Grecia sobre el tema de las bases después de los atentados del pasado verano. **Presionar a alguien a que haga algo** faire pression sur quelqu'un pour qu'il fasse quelque chose.

20 ◎ **PRESO** ***(syn. prisionero, cautivo)***
prisonnier. Han permanecido internados en rigurosa separación del resto de los presos. **Penado** condamné. **Presidio** bagne, les bagnards.

◎ **PRÉSTAMO**
prêt. Argentina obtiene 800 000 millones en préstamos para hacer frente a sus pagos. **Casa de préstamo** maison de prêt. **Ley de préstamo y arriendo** loi prêt bail. **Préstamo sobre prendas** prêt sur gages. **Pedir préstamo** demander un prêt, emprunter *(syn. tomar ou pedir prestado)*. **Prestado** prêté, d'emprunt. **Prestatario** emprunteur.

◎ **PRESTAR**
1) prêter. Las instituciones financieras del mundo se prestan y se piden prestado entre sí. **Prestar dinero** prêter de l'argent. **Prestar sobre prenda** prêter sur gage. **Prestar atención** prêter attention. **Prestar auxilio** prêter secours. **Prestar juramento** prêter serment. 2) rendre. **Prestar testimonio** rendre témoignage. **Prestar servicio** rendre service. 3) faire *(syn. hacer)*. **Prestar una declaración** faire une déclaration.

**PRESUNTAMENTE**
par présomption. El funcionario de prisiones presuntamente implicado en un delito de tráfico de droga fue encarcelado en Carabanchel. **Presunto** présumé *(syn. supuesto, presuntivo)*. El presunto culpable.

◎ **PRESUPUESTO**
1) budget. **Equilibrar un presupuesto** équilibrer un budget. **Un presupuesto deficitario** budget déficitaire. **Retirar del presupuesto** débudgétiser. 2) devis. **Hacer un presupuesto** établir un devis. **Ley de presupuesto** loi des finances. **Presupuestar** établir un budget. **Presupuestario** budgétaire.

**PREVIO**
préalable. **Autorización previa** autorisation préalable. **Previo aviso** préavis. Llevé a mis hijos al médico sin previa cita.

**PRINCIPIANTE** ***(syn. novato, aprendiz; ant. avanzado, experto)***
débutant. La última clase irá dedicada a los principiantes. **Principiar** commencer, débuter *(syn. iniciar, comenzar)*. **Principio** commencement, début *(syn. inicio; ant. final)*.

◎ **PRISA**
hâte *(syn. premura, prontitud)*, vitesse. Las prisas gubernamentales por impulsar la TV privada coinciden con las más altas cotas de escepticismo de partidos y grupos privados. **Tener prisa** être pressé. **A toda prisa** en toute hâte, à toute vitesse *(ant. lentamente)*. **Correr prisa** presser, être urgent *(syn. ser urgente)*. **De prisa y corriendo** en vitesse. ➤ FA prise **toma.**

**PROCEDENCIA**
1) origine, provenance *(syn. origen)*. Se trata de mercancías de procedencia más o menos legal. **La procedencia de un tren** la provenance d'un train. 2) bien fondé, recevabilité. La procedencia de una demanda. **Procedente** originaire.

**PROCEDER**
1) se comporter *(syn. actuar, comportarse)*. Al proceder así, tanto un presidente como el otro han pretendido salvar el acuerdo. 2) provenir *(syn. venir)*. La mayor parte de las inversiones procedieron de los países comunitarios. 3) procéder à. Proceder al sorteo. 4) être pertinent, sensé, recevable. Esta petición no procede. **Proceder contra uno** entamer des poursuites contre quelqu'un. **Proceder de consumo** agir de concert.

◎ **PROCEDIMIENTO**
procédé, méthode (*syn. método, actuación)*. **Un procedimiento ingenioso** un procédé ingénieux. 2) procédure. Es uno de los más importantes procedimientos contra el narcotráfico en nuestro país.

◎ **PROCESAR**
1) inculper, accuser *(syn. acusar, inculpar)*. **Procesar por cohecho** accuser de corruption. 2) traiter *(syn. tratar)*. **Procesar la información** traiter l'information. **Procesar datos** traiter des données. **Procesamiento** 1) inculpation, accusation. 2) traitement.

**PROCESO**
1) procès *(syn. pleito, juicio)*. 2) cours *(syn. transcurso)*. **El proceso de los acontecimientos** le cours des événements. 3) traitement *(syn. procesamiento)*. Proceso de datos. 4) processus, procédé *(syn. procedimiento)*. Un proceso de fabricación.

**PROCLIVE A**
enclin à. Los jóvenes artistas fueron los más proclives a manifestar que los últimos 20 años de Picasso fueron uno de sus períodos más fértiles.

◎ **PRODUCCIÓN**
production. La producción automóvil. **Producir** produire. **Producente** productif. **Productividad** productivité. **Productivo** productif, rentable.

**PRODUCTO**
produit. España libra una batalla contra muchos productos extranjeros. Producto interior bruto PIB. Producto nacional bruto PNB. **Producto alimenticio** produit alimentaire. **Producto lácteo** produit laitier. **Productor** producteur.

**PROFESORADO**
corps professoral. El profesorado provendrá fundamentalmente de la Complutense.

**PRÓFUGO** ***(syn. fugitivo, desertor)***
fugitif, déserteur (service militaire). Los prófugos fueron señalados como militantes del PC.

◎ **PROHIBIR** ***(ant. autorizar, consentir)***
interdire, défendre. **Se prohibe la entrada** défense d'entrer. Se ha decretado durante 70 días el establecimiento de zonas de paz que prohiben cualquier manifestación en torno a las áreas de los JJ.OO. **Prohibición** défense, interdiction. **Prohibitivo** prohibitif *(syn. prohibitorio).*

◎ **PROMEDIO** ***(syn. media)***
moyenne. Detrás del promedio regional se esconden realidades muy diferentes entre los países de América Latina. **Promediar** intervenir *(syn. intervenir)*, servir de médiateur, arriver à la moitié. **Al promediar de enero** à la mi-janvier.

◎ **PROMOVER**
1) promouvoir *(syn. elevar).* Fue promovido director general. 2) favoriser *(syn. hacer progresar).* Promover la producción. 3) provoquer, occasionner *(syn. provocar).* Su acción promovió un gran escándalo. **Promoción** promotion. **Promotor** promoteur *(syn. promovedor).*

**PRONTUARIO**
résumé *(syn. resumen)*, agenda. En su prontuario tiene prevista una entrevista con el Presidente mexicano.

◎ **PRONUNCIAMIENTO** ***(syn. alzamiento)***
soulèvement militaire, putsch. **Pronunciarse** se soulever, s'insurger *(syn. sublevarse).*

**PROPICIAR**
1) apaiser. **Propiciar la ira** apaiser la colère. 2) rendre propice *(syn. hacer propicio)*, favoriser *(syn. favorecer).* Propician una amnistía que beneficie a los afiliados sancionados. **Propicio** propice, adéquat. **Ser propicio a** être enclin à.

**PROPINAR**
1) administrer *(syn. administrar).* Le propinó una medicina muy fuerte. 2) (fam.) flanquer. **Su padre le propinó una buena paliza** son père lui flanqua une bonne raclée. 3) distribuer, donner *(syn. dar, distribuir).* Los golpes que la policía propinó al narcotráfico muestran la eficacia de los procedimientos. **Una propina** un pourboire, une récompense *(syn. premio).* **De propina** par-dessus le marché.

**PROPORCIONAR**
1) proportionner. 2) donner, procurer *(syn. dar, procurar).* Aquel viaje sólo me proporcionó grandes desilusiones. **Proporcionar ánimos** donner du courage. 3) fournir. **Proporcionar bienes de equipo** fournir des biens d'équipement. 4) rapporter. **Proporcionar provecho** rapporter du profit.

◎ **PROPUESTA** ***(syn. sugerencia)***

proposition. **A propuesta de** sur proposition de. El Presidente de Perú califica de inaceptables e inexplicables las propuestas económicas del FMI. **Proponer** proposer *(syn. sugerir).*

**PROPUGNAR** ***(syn. defender, apoyar)***

défendre, appuyer (une thèse). Luis Solana viene propugnando infructuosamente esta revisión de las tarifas desde hace varios años.

**PRÓRROGA** ***(syn. prorrogación)***

prorogation, sursis, délai *(syn. plazo)*, prolongation (match). Sus acreedores le concedieron una nueva prórroga. **Prorrogar** proroger.

◎ **PROS Y CONTRAS ▸**

le pour et le contre. Jamás se lanzan a la aventura sin sopesar los pros y los contras.

◎ **PROTECCIONISMO**

protectionnisme. A la hora de la rentabilidad inversora no es cuestión de plantearse estoícos proteccionismos. **Proteccionista** protectionniste.

**PROTÓTIPO**

prototype, exemple représentatif. **Es el protótipo del ávaro** c'est l'exemple même de l'avare.

**PROVECHOSO** ***(syn. benéfico; ant. perjudicial)***

profitable, bénéfique. La experiencia fue muy provechosa para los Japoneses y sus vecinos Coreanos. **Provecho** profit *(ant. pérdida)*. **Sacar provecho** tirer profit. **En provecho de** au profit de. **Para su provecho** pour son bien.

**PROVEEDOR** ***(syn. abastecedor)***

1) fournisseur. Nuestro objetivo es procurar que la relaciones entre consumidores y proveedores se realicen apegadas a la ley. 2) opérateur (téléphonique) Con NEXTEL su empresa satisface todas sus necesidades de comunicación móvil con un solo proveedor. **Proveer** *(syn. abastecer, proporcionar)* approvisionner, fournir.

◎ **PROYECTO**

projet. **Un proyecto de construcción** un projet de construction. **Proyectar** projeter, envisager. Proyectó empezar de nuevo a trabajar.

◎ **PRUEBA**

1) preuve. No fue inculpado por falta de pruebas. **Salvo prueba en contrario** ou **en contra** sauf preuve contraire. **Dar prueba de** faire preuve de. **Pruebas abrumadoras** des preuves accablantes. 2) épreuve, examen *(syn. examen)*. **Una prueba de matemáticas** un examen de mathématiques. 3) essais *(syn. ensayos)*. El producto fue sometido a varias pruebas antes de ser comercializado. **Piloto de prueba** pilote d'essai. **Banco de prueba** banc d'essai. **Poner, someter a prueba** mettre à l'épreuve, à l'essai.

**PUENTE**
pont. Unos gigantescos puentes cruzan el río. **Hacer el puente** faire le pont. **Tender un puente sobre** jeter un pont sur.

**PUESTA**
1) coucher. La puesta del sol. 2) mise. **Puesta al día** mise à jour. **Puesta en marcha** mise en marche. **Puesta a punto** mise au point. **Puesta de largo** débuts, entrée dans le monde.

◎ **PUESTO**
1) petite boutique. **Puesto de periódicos** kiosque à journaux. **Puesto de flores** marchand de fleurs. 2) poste, situation *(syn. trabajo, empleo)*. **Tener buen puesto** avoir une bonne situation. **Puesto que** étant donné que.

**PUGNA** ***(syn. lucha)***
lutte. **Pugna de intereses** épreuve de force. Está dispuesto a asumir la derrota tras una pugna electoral. **Pugnar** lutter, combattre *(syn. luchar)*, s'efforcer *(syn. esforzarse)*.

**PUJANZA** ***(syn. fuerza, vigor)***
force, vigueur. La pujanza económica ha de llevar a Chile a ser una nación con clara visión de futuro. **Pujante** robuste, vigoureux *(syn. vigoroso, robusto)*. Pertenecían a la nueva y pujante generación de jóvenes conservadores entusiastas al Reaganismo. **Pujar** enchérir *(syn. encarecer)*, lutter *(syn. pugnar, luchar)*.

**PULSO**
1) poignet *(syn. muñeca)*. Se ha roto el pulso haciendo gimnasia. 2) force, fermeté, la bonne tenue. España necesita recuperar el pulso de la actividad económica. **Echar un pulso** faire un bras de fer. 3) prudence *(syn. prudencia)*. **Actuar** ou **obrar con pulso** agir avec prudence. 4) pouls. **Pulso sentado** pouls régulier. **Tomar el pulso** prendre le pouls.

◎ **PUNTA**
pointe. Sus actuaciones van desde la playa del Inglés en la punta de la isla hasta la ciudad de Arucas. **A punta de** à force de. **Punta de lanza** fer de lance. **De punta a cabo** d'un bout à l'autre. **Horas punta** heures de pointe. **Poner los nervios de punta** porter sur les nerfs. **Ponerse de punta** se hérisser, se dresser sur la tête (cheveux). **Sacar punta a** tailler, aiguiser, trouver à redire.

◎ **PUNTO**
point. **Punto de encuentro** point de rencontre, de ralliement. **Punto de venta** point de vente. **Punto de vista** point de vue. **Punto de partida** point de départ. **Punto de mira** point de mire. Sagunto es el punto de mira de las multinacionalesTOTAL y FIAT. **Punto flaco, débil** faiblesse, point faible. **Punto de referencia** point de repère. **En punto** pile, tapant.

**PUNTO + verbe**
**Bajar el punto** adoucir, modérer. **Dar punto a una cosa** achever quelque chose. **Estar a punto de** être sur le point de. **Hacer punto** tricoter. **Poner punto final** mettre un terme. (fam.) **Ser un punto filipino** être un drôle de lascar. **Subir de punto una cosa** grossir quelque chose.

# Q

**◎ QUEBRAR**

1) briser, rompre. **Una voz quebrada** une voix cassée. **Un quebradero de cabeza** un casse-tête. 2) faire faillite *(syn. hacer bancarrota)*. Muchos bancos comerciales quebraron por la insolvencia de algunas naciones de América Latina. 3) interrompre brusquement. La muerte del Presidente Sadate quebró las relaciones privilegiadas de Egipto con Israel. **Quiebra** faillite. **Quebranto** affaiblissement, abattement *(syn. debilitación)*.

**QUEDA**

couvre-feu. El dictador impone la queda a las siete.

**◎ QUEDAR**

rester, demeurer *(syn. permanecer)*. Sólo se quedó unos diez minutos. **Quedar bien** faire bien, aller bien *(ant. quedar mal)*. Su corbata no queda bien con su camisa. **Quedar en** convenir de, que, décider que *(syn. decidir que)*. Quedamos en vernos más frecuentemente. **Quedar para** prendre rendez-vous pour. El ministro ha quedado con los sindicatos para la semana próxima. **Quedar por** rester à. Quedan muchos problemas por resolver. **Queda por saber** reste à savoir si.

**◎ QUEDARSE**

rester, séjourner, passer (temps). Me quedaré un mes en Cancún. **Quedarse con** garder. Ella no se quedó con nada después de nuestro divorcio. **Quedarse con hambre** rester sur sa faim. **Quedarse con la última palabra** avoir le dernier mot. **Quedarse con vida** s'en tirer sain et sauf. **No saber con qué quedarse** n'avoir que l'embarras du choix.

**QUEJARSE *(syn. lamentarse)***

se plaindre. Por el momento nadie se ha quejado de la situación. **Queja** plainte, reproche *(syn. crítica)*. **Tener queja de** avoir à se plaindre de.

21 **QUEMAR**

1) brûler, incendier *(syn. incendiar)*. Tres coches de matrícula francesa fueron quemados por ETA. **A quema ropa** ou **quemarropa** à brûle-pourpoint *(syn. de improviso)*. 2) gaspiller *(syn. derrochar, despilfarrar, malgastar)*. Quemar su fortuna.

**QUERENCIA**

attachement à un lieu. Muchos permanecen en la ciudad los más por obligación, los menos por querencia. **Querencioso** qui retourne toujours vers le même endroit.

**◎ QUERER**

1) aimer. Yo te quiero. **Querer con locura** aimer à la folie. **Querido** aimé, chéri. 2) vouloir. No quiero decirle la verdad. **Como quiera** comme vous voudrez. **Cuando quiera** n'importe quand.

**QUIMERA *(syn. ilusión)***

chimère. Muchos han emigrado a Madre de Dios atraídos por la quimera del oro.

**QUINCENA**
quinzaine. Iré de vacaciones sólo una quincena. **Quincenal** bimensuel.

**QUINIELAS**
loto sportif, concours de pronostics, pari. En el mundo de la política, resultan inevitables las quinielas sobre previstos o imprevisibles cambios de gobierno. **Quinielero** organisateur de paris. **Quinielista** parieur, parieuse.

**QUIRÓFANO**
salle d'opération. Después del atentado, seis personas fueron trasladadas inmediatamente a un quirófano. **Cirugía** chirurgie. **Cirujano** chirurgien.

**QUITAR**
enlever, ôter. ¡Quita ese libro de aquí! **Quitar la idea de que** décourager, ôter l'idée de. **Quitar un peso de encima** ôter un poids. **Quitarse** enlever, ôter (un vêtement). Se quitó el sombrero.

# R

◎ **RADICAR (en)** ***(syn. consistir en)***
consister à. La meta de este proyecto radica en facilitar la integración de Brasil en el mundo hispánico. **Radicar** être situé *(syn. estar situado).* La empresa está radicada cerca de una importante aglomeración. **La radicación** l'établissement. **Radicante** issu, émanant, enraciné.

**RAMO**
1) bouquet. Un ramo de flores. 2) fig. une branche d'activités. Kanguros, compañía transformadora del papel, ha dado entrada en su capital a una compañía francesa del ramo.

**RASTRO (el)**
1) le marché aux puces de Madrid. El Rastro atrae a muchos turistas en verano. 2) trace. **No encontrar rastro de** ne pas trouver trace de. **Seguir el rastro de** suivre la trace de.

**RATERO** ***(syn. ladrón)***
voleur à la tire. Italia cuenta con una multitud de rateros que roban a los turistas en la calle. **El semáforo** c'est le fait de dévaliser les automobilistes arrêtés à un feu rouge.

**REACTIVACIÓN** ***(syn. reanimación)***
reprise, relance de l'économie. Existen indicios en el mercado de una posible reactivación de la demanda. **Reactivar** relancer l'économie.

**REAL**
1) réel, vrai. La realidad virtual es mucho más real de lo que cree (Pub Chrysler) 2) royal. Los usuarios de Internet pueden consultar una páginas web de la casa real española.

◎ **REANUDACIÓN**

reprise. Una comisión solicitó la reanudación de las negociaciones bilaterales. **Reanudar** reprendre. **Reanudar una conversación** reprendre une conversation. **Reanudar el paso** se remettre en route, repartir.

◎ **REBAJAS**

soldes. Los Españoles tienen cierto complejo de que España se está convirtiendo en un supermercado económico en rebajas. **Una rebaja** 1) une baisse, une diminution *(syn. disminución)* UGT y Comisiones Obreras proponen una drástica rebaja de las horas extra. 2) un rabais *(syn. descuento)*. **Vender con rebaja** vendre au rabais. **Rebajar** baisser, faire une remise *(syn. descontar, abaratar)*.

**RECALCAR**

1) souligner, faire ressortir, mettre l'accent sur *(syn. subrayar)*. **Recalcar la importancia de** souligner l'importance de. 2) rabâcher *(syn. repetir)*. Siempre está recalcando lo mismo. **Recalcadura** répétition. **Recalcadamente** avec insistance.

◎ **RECARGO** ***(syn. aumento ; ant. rebaja)***

majoration. **Un recargo del 13 %** un majoration de 13 %. **Recargo tributario** majoration de l'impôt. **Recargar** alourdir, majorer *(syn. aumentar, subir, elevar ; ant. rebajar)*. **Recargar los impuestos** alourdir les impôts. **Recargable** rechargeable. Tu celular funciona con batería recargable.

**RECAUDAR** ***(syn. cobrar, percibir ; ant. pagar)***

recouvrer. Los clubes de fútbol buscan recaudar más dinero con la inversión en figuras de fútbol. **La recaudación** 1) reprise, renouveau. La recaudación del cine español. 2) le recouvrement. **El recaudador** le receveur, le percepteur. **El recaudo** la caution, la précaution. **A buen recaudo** en lieu sûr.

**RECELO** ***(syn. desconfianza, temor, duda ; ant. confianza)***

crainte, méfiance. El imperio de Matutes suscita muchos recelos. **Tener recelo de** se méfier de *(syn. desconfiar)*. **Recelar** 1) se méfier *(syn. desconfiar)*. **Recela de todos** il se méfie de tout le monde. 2) craindre *(syn. temer)*. Recelo de que te pase algo. **Receloso** méfiant *(syn. desconfiado)*. **Receloso con todos** méfiant envers tout le monde. ➤ FA recel **ocultación** ; receler, **ocultar, encubrir.**

◎ **RECIBO**

reçu, récépissé *(syn. resguardo, acuse)*, quittance. Muchos Madrileños han pagado dos veces el recibo de la constitución territorial y urbana. **Indicación de recibo** acquittement. **No estar de recibo** ne pas être présentable. **Ser de recibo** être présentable. **Recibir** recevoir. **Recibimiento** réception.

**RECLUTAMIENTO**

recrutement. Asegura haber participado en el reclutamiento de jóvenes del ejército español. **Reclutar** recruter *(syn. contratar ; ant. despedir, licenciar)*. **Reclutador** recruteur. **Recluta** soldat *(syn. soldado)*.

◎ **RECOGER**

1) ramasser. Recogieron todos los papeles que había por el suelo. 2) recueillir. **Recoger datos** recueillir des données. 3) acheter, retirer *(syn. sacar)*. **Recoger entradas** acheter des billets d'entrée. 4) passer prendre, aller chercher *(syn. pasar a por)*. Te reco-

geré cuando salga de la oficina. 5) saisir. **Recoger un periódico** saisir un journal. **Recoger el guante** relever le défi. **Recoger el sentido de todos** exprimer l'opinion générale. **Recoger la opinión de** demander l'avis de. **Recoger laureles** cueillir des lauriers.

**RECOPILACIÓN** ***(syn. resumen, compilación, sumario)***

résumé, recueil, abrégé, compilation. Es la primera recopilación de las leyes aragonesas cuyo original se encuentra entre los expedientes de la fundación norteamericana Paul Getty. **Recopilador** compilateur. **Recopilar** compiler.

**RECORTE**

1) diminution, réduction *(syn. reducción, disminución)*. En el balance semestral de la empresa destaca el recorte de los gastos financieros. 2) coupure. **Un recorte de prensa** une coupure de presse. **Recortar** réduire *(syn. reducir)*, diminuer *(syn disminuir)*, découper. España se opone al plan de la Comisión Europea de recortar las ayudas agrícolas. **Recortar las alas** couper les ailes.

**RECOVECO**

détour. Es una narración con muchos recovecos individualistas. **Recovecar** acheter des œufs et de la volaille pour les revendre.

**RECRUDECIMIENTO** ***(syn. recrudescencia)***

recrudescence. El recrudecimiento de la delincuencia. **Recrudescente** recrudescent. **Recrudecer** être en recrudescence, redoubler *(syn. aumentar)*, empirer *(syn. empeorar)*.

**RECTA FINAL**

dernière ligne droite. Fue descalificado por empujar a su adversario en la recta final. Estamos en la recta final de las elecciones.

**RECUENTO**

décompte, dénombrement *(syn. enumeración)*. **Hacer el recuento de votos** dépouiller le scrutin.

◎ **RECUPERACIÓN** ***(syn. reactivación)***

redressement de l'économie ou d'un pays. En 1995, Chile registró un período de recuperación. **Recuperar** 1) récupérer, recouvrer (santé), reprendre. **Recuperar el conocimiento** reprendre connaissance. 2) rattraper, regagner. **Recuperar el retraso** rattraper le retard. **Recuperado** remis. Todavía no se ha recuperado de su operación. **Recuperarse** se remettre, s'assainir, se redresser *(syn. sanarse, reponerse)*.

◎ **RECURRIR A**

avoir recours à, faire appel, recourir à. El país analiza las alternativas a las que podría recurrir para diversificar sus fuentes de ingresos. **Recurso** 1) ressource, recours. Los recursos energéticos. 2) moyen, solution. No hay otro recurso. **En último recurso** en dernier recours. **Haber agotado todos los recursos** être à bout de ressources.

**RECURSO**

1) ressource. En muchos países de África, los recursos se dilapidan en proyectos de prestigio, desarrollo urbano y consumo. 2) recours. **Recurrir** recourir, avoir recours à.

◎ **RECHAZAR**

1) refuser *(syn. rehusar, no aceptar; ant. aceptar, aprobar)*. **Rechazar una oferta** refuser une offre. 2) refouler. **Rechazar un pensamiento** refouler une pensée. 3) repousser. Rechazaron a los invasores. **El rechazo** refoulement, refus, rejet *(syn. negación)*. **Choque de rechazo** choc en retour. **De rechazo** par contrecoup.

◎ **RED (una)**

1) filet. Una red de tenis. 2) réseau. Hay que modernizar la red de ferrocarriles españoles. **Una red comercial** un réseau commercial. 3) piège *(syn. trampa)*, tromperie, duperie *(syn. engaño)*. **Caer en la red** tomber dans le piège *(syn. caer en la ratonera)*.

◎ **REDUCIR EN** ***(syn. disminuir en)***

réduire de. **Reducir en media parte** réduire de moitié. El endeudamiento a corto plazo se redujo en casi tres mil quinientos millones. **Reducir** réduire. **Reducir al silencio** réduire au silence. **Reducirse** 1) se réduire. **Reducirse a lo más preciso** se réduire au strict nécessaire. 2) revenir. **Esto se reduce a decir** cela revient à dire. 3) se limiter, se borner. **Se reduce a hacer lo mínimo** il se borne à faire le strict nécessaire.

**REDUNDAR EN**

tourner, retomber. Este continuo intercambio redundará en beneficios de la empresa. **Redundó en mi perjuicio** cela tourna à mon désavantage.

**REEMBOLSAR** ***(syn. devolver, restituir)***

rembourser. Todavía no ha reembolsado el dinero que le han prestado. **Reembolso** remboursement. **Envío contra reembolso** envoi contre remboursement. **Reembolsable** remboursable.

**REESTRUCTURACIÓN**

restructuration. Telefónica aprovechará esta revisión para dar un paso adelante en la reestructuración de las tarifas. **Reestructurar** refondre, réorganiser, restructurer.

**REFINERÍA**

raffinerie. Las refinerías petrolíferas contaminan el medio ambiente. **Refinación** raffinage. **Refinar** raffiner, affiner.

**REFLEJAR**

traduire, refléter, faire apparaître. Estos porcentajes reflejan aspectos contradictorios. **Reflejado** réfléchi. **Reflejo** reflet, réflexe. Los reflejos del sol. El alcohol disminuye los reflejos al volante. **Reflejo condicionado** réflexe conditionné.

**REFRENDAR**

1) viser. Refrendar un pasaporte. 2) ratifier, approuver *(syn. aprobar, legalizar)*. La ley fue refrendada el mes pasado. **Refrendación** visa. **Refrendario** référendaire, contresignataire. **Refrendata** contreseing. **Refrendo** visa, contreseing, approbation.

**REGATEAR**

1) marchander. Regateó y obtuvo la chaqueta por sólo 5000 pesetas. **No regatear esfuerzos para que** ne pas ménager ses efforts pour que. 2) courir une régate. La Infanta Elena regatea con su hermana en el Pitágoras. 3) vendre au détail *(syn. regatonear)*.

**Regateo** marchandage, vente au détail. **Regatería** vente au détail *(syn. regatonería, venta al por menor)*. **Regatón** détaillant, marchandeur.

◎ **REGIR**

1) régir, gouverner *(syn. regentar, dirigir, gobernar)*. Rige un país cuya economía parece deteriorarse cada día un poco más. 2) être en vigueur. Entre ambas naciones rige un convenio derivado del tratado de derecho penal firmado en Montevideo en 1934.

**REGISTRAR**

1) fouiller, contrôler. Los aduaneros registraron las maletas de todos los pasajeros. 2) enregistrer. La carretera de la Coruña registró los típicos atascos de los lunes. **Registro** fouille, contrôle, enregistrement, fichier, registre. **Registrador** enregistreur, contrôleur. Una caja registradora. **Registrado** déposé. **Marca registrada** marque déposée.

**REGLAMENTACIÓN**

réglementation. Estos productos no se ajustaron para nada a las rigurosas reglamentaciones europeas. **Reglamentario** réglementaire *(syn. normal, legal, lícito ; ant. irregular)*.

◎ **REGRESAR** ***(syn. volver)***

revenir, rentrer, regagner. Regresó a su domicilio tras haber pasado cinco días en el hospital.

◎ **REGULAR**

1) régler *(syn. poner en orden)*. **Regular el tráfico** régler la circulation. 2) régler, réglementer. En el debate se insistió en la necesidad de una ley que regule la seguridad privada. 3) contrôler *(syn. controlar)*. **Regular los precios** contrôler les prix. **Regular el mercado** contrôler le marché. **Regulación** régulation, contrôle *(syn. control)*, réglementation. La regulación de los nacimientos.

**REHÉN** ***(syn. secuestrado, detenido)***

otage. El Presidente de EE.UU estaba dispuesto a discutir con Irak la liberación de los rehenes norteamericanos.

**REINCIDENCIA**

récidive. La reincidencia en las infracciones determinaría la clausura del establecimiento. **Reincidente** récidiviste. **Reincidir** récidiver.

**REINO**

1) royaume. El Reino Unido. 2) règne. El reino animal. **Reinar** règner. **Rey** roi. **Reina** reine. **Los reyes** le roi et la reine.

22

◎ **REINTEGRAR**

1) réintégrer, reprendre *(syn. volver a ocupar)*. Reintegró su cargo de director comercial. 2) rembourser *(syn. reembolsar)*. Le reintegró el dinero que le había prestado. **Reintegro** paiement *(syn. pago)*, remboursement *(syn. reembolso)*, apposition d'un timbre fiscal. **Cobrar el reintegro** être remboursé à la loterie.

◎ **REIVINDICACIÓN** ***(syn. exigencia, reclamación)***

revendication. Queremos lanzar a los organismos competentes una serie de reivindicaciones. **Reivindicar** revendiquer. **Reivindicatorio** revendicatif.

◎ **RELACIÓN**

1) relation, rapport. Ambos países mantienen buenas relaciones. **Relaciones laborales** rapports sociaux. 2) rapport *(syn. informe)*. Entregaron una relación de asuntos que consideran de especial preocupación. 3) liste *(syn. lista)*. **La relación de víctimas** la liste des victimes. 4) relevé, état. **La relación de gastos** relevé des dépenses. **Con relación a** par rapport à. **En relación con** en rapport avec. **Ponerse en relación** se mettre en rapport. **Relacionar** lier, relier. El Museo Casa de la Moneda ha abierto al público una tienda donde pueden adquirirse objetos relacionados con la moneda.

◎ **RELEVANTE**

1) significatif *(syn. importante, significativo)*. Las críticas de la oposición no resultan muy relevantes. 2) brillant, remarquable, important *(syn. sobresaliente, brillante)*. Prestar servicios relevantes. **Un hecho relevante** un fait important.

**RENGLÓN**

1) ligne. **Leer entre renglones** lire entre les lignes. 2) chapitre *(syn. capítulo)*. **El renglón de las importaciones** le chapitre des importations. **A renglón seguido** tout de suite après, là dessus. Preguntaron al Presidente del gobierno a renglón seguido quien defendía a los ciudadanos de los eventuales y posibles abusos de poder.

**REO** ***(syn. condenado, culpable ; ant. inocente)***

inculpé, accusé. El reo escuchó la sentencia sin levantar la cabeza. **Absolver a un reo** acquitter un accusé.

**REORDENAR**

réordonner, réaménager. Se trata de reordenar los cultivos para evitar supéravits o déficits periódicos. **La reordenación** le réaménagement. **Reordenado** réaménagé.

◎ **REPARTO**

1) répartition *(syn. repartición)*, partage. Los campesinos aspiran a un reparto de la tierra distinto. 2) distribution *(syn. distribución)*. **El reparto de una película** la distribution d'un film. **El reparto de premios** la distribution des prix. 3) livraison *(syn. entrega)*. **Reparto a domicilio** livraison à domicile. **Un coche de reparto** une voiture de livraison. **Repartir** partager *(syn. compartir)*, répartir, distribuer *(syn. distribuir)*, livrer *(syn. entregar)*.

**REPASO** ***(syn. revisión)***

révision. **Dar un repaso** jeter un coup d'œil. **Hacer un repaso** revoir *(syn. repasar)*. Reunión en Barcelona de 700 investigadores para hacer un repaso a los problemas científicos. **Repasar** réviser, revoir *(syn. revisar)*.

**REPLEGADO**

replié. Se dio la imagen de una Argentina replegada sobre sí misma. **Replegarse** se replier, reculer *(syn. retroceder, retirarse)*. Las tropas enemigas se retiraron. **Replegar** replier *(syn. doblegar)*. Replegó el mapa y lo puso en el bolso.

**REPLETO** ***(syn. atiborrado, atestado; ant. vacío)***
plein, rempli à craquer. Durante las horas punta, los autobuses van repletos. **Encontrarse repleto** regorger de.

**REPOBLACIÓN**
repeuplement, rempoissonnement. Se han reintroducido ejemplares de anguilas en el río de Guadalix para comenzar una repoblación de esta especie. **Repoblación forestal** reboisement.

**REPOSICIÓN**
1) renouvellement. La reposición de las existencias le renouvellement des stocks. 2) reprise (théâtre, cinéma). Cabe señalar la reposición de varias películas de Buñuel en las salas de cine madrileñas durante este verano.

**REPOSTAR**
s'approvisionner, se ravitailler, faire une escale technique. El nuevo GOLF recorre 1.400 km sin repostar. **Repostar a tope** faire le plein.

◎ **REPRESALIAS** ***(syn. venganza, revancha, castigo)***
représailles. La Unión europea pide al presidente norteamericano que retire las represalias en la «guerra de la carne».

**REPUDIO** ***(syn. repudiación)***
répudiation. **Repudiar** répudier, désavouer, nier *(syn. negar)*. **Repudiar una doctrina** renier une doctrine.

◎ **REQUERIMIENTO**
requête *(syn. demanda)*, exigence *(syn. exigencia)*, sommation, commandement *(syn. intimación)*. La agricultura ha registrado un amplio proceso de transformación a instancia de los requerimientos del mercado del trabajo. **Requerir** exiger *(syn. exigir)*, prier *(syn. rogar)*, réclamer, avoir besoin de. Es un trabajo que requiere mucha potencia. **Un requisito** une condition requise. Es un requisito sine qua non para la perduración del radicalismo en el gobierno a partir de diciembre del 1989.

**RESCATE**
1) rançon. La familia decidió pagar el rescate para no poner en peligro la vida del secuestrado. **Exigir rescate** rançonner. 2) sauvetage. Los equipos de rescate buscan a otras cinco personas desaparecidas. **Rescatar** délivrer, sauver *(syn. salvar)*, racheter. **Rescatar un cautivo** racheter un captif. **Rescatar al olvido** arracher à l'oubli.

**RESCINDIR**
résilier. Cuando Cortina compró el paquete mayoritario de acciones de la compañía, Alianza Popular rescindió su contrato con esta firma. **Rescisión** résiliation. **Rescindible** résiliable.

**RESEÑA ▸**

1) signalement *(syn. descripción)*. Reseña biográfica notice biographique. 2) compte rendu *(syn. resumen)*. La reseña de una obra literaria. 3) description. Cené unas cosas maravillosas pero no digo más para no convertir este escrito en una reseña gastronómica. **Reseñar** faire un compte rendu, rédiger le signalement de *(syn. describir)*.

◎ **RESOLVER**

1) résoudre *(syn. solventar, solucionar)*. Resolver un problema de matemáticas. 2) décider de *(syn. decidir)*. Resolvió quedarse dos días más. **Resolución** résolution, décision *(syn. decisión)*. **En resolución** en résumé. **Un hombre de resolución** un homme décidé.

**RESORTE**

ressort, ficelle. Hacen falta resortes ideológicos en los personajes. **Conocer todos los resortes** connaître toutes les ficelles.

◎ **RESPALDAR**

1) appuyer, soutenir, épauler *(syn. sostener, favorecer, auxiliar; ant. abandonar)*. Te respaldaré en tu decisión. 2) garantir, cautionner. Depósitos respaldados por el oro. 3) écrire au verso. **El respaldo** l'appui, le soutien *(syn. protección, amparo)*, garantie, caution *(syn. garantía)*. Las fuerzas socialistas dijeron que ofrecerían su respaldo a Jordi Pujol.

◎ **RESPECTO A**

par rapport à. El turismo en Galicia aumentó en un 10 % con respecto al año pasado.

**RESQUICIO**

1) occasion, opportunité, possibilité *(syn. posibilidad)*. El plebiscito no fue más que eso: un resquicio. **Un resquicio de esperanza** une lueur d'espoir. 2) fente *(syn. hendedura)*. El resquicio de una puerta.

◎ **RESTAR**

1) soustraire, retrancher *(syn. deducir, sustraer; ant. sumar)*. Restar seis de ocho. 2) ôter, enlever *(syn3. quitar)*. **Restar importancia** ôter de l'importance. **La resta** la soustraction *(ant. la suma)*. ➤ FA rester **quedarse**.

**RESUMIDAS CUENTAS (en)**

en résumé, en fin de compte. En resumidas cuentas sólo se ha probado la culpabilidad de tres hombres sobre los diez detenidos.

**RETAHÍLA**

1) ribambelle. Una retahíla de niños une ribambelle d'enfants. 2) série. Durante cuatro años hubo una retahíla de frustraciones. 3) chapelet. **Una retahíla de injurias** un chapelet d'injures.

**RETENCIÓN** ***(syn. descuento, deducción)***

retenue, déduction. Se corre el riesgo de que la inversión se desplace hacia países donde no haya retención. **Retención en fuente** retenue à la source.

**RETIRADA**

1) retrait, retraite *(syn. retroceso, repliegue; ant. avance)*. La resolución 598 pide la retirada de las tropas a sus fronteras respectivas previas al inicio del conflicto. **Tocar la retirada** battre la retraite. 2) départ en retraite *(syn. jubilación)*. Sólo se habla en los periódicos de la retirada del famoso cantante.

**RETIRARSE ▶**

1) se retirer. Se retiró en su despacho. 2) prendre sa retraite *(syn. jubilarse)*. **El retiro** 1) retraite. **Tocar el retiro** toucher sa retraite. 2) retraite militaire *(syn. retroceso, repliegue)*. El retiro de las tropas soviéticas de Afganistán. **Retirado** à l'écart, retiré.

◎ **RETO**

1) défi, provocation *(syn. desafío, provocación)*. El nuevo ministro de industria insistió en que hay que afrontar el reto del futuro. **Aceptar el reto** relever le défi. **Echar un reto** lancer un défi. 2) menace *(syn. amenaza)*. **Echar retos** proférer des menaces. **Retar** provoquer *(syn. provocar)*, défier *(syn. desafiar)*, lancer un défi.

◎ **RETRASO**

1) retard *(syn. demora)*. El tren llegó con dos horas de retraso. 2) retard économique *(syn. atraso)*. Con estas medidas pretenden resolver el retraso socioeconómico del país. **Retrasar** retarder. **Retrasado** en retard, retardataire. **Un niño retrasado** un enfant attardé.

**RETROCESO**

1) marche arrière *(syn. marcha atrás)*. 2) recul. Los socialistas sufren un retroceso en su aceptación popular. 3) repli *(syn. repliegue)*. El retroceso de las tropas enemigas. 4) aggravation *(syn. agravación, empeoramiento; ant mejora)*. El retroceso de una enfermedad. **Retroceder** reculer, faire marche arrière, se replier, rétrograder.

**REVÉS**

1) revers. El revés de la medalla. El revés de la fortuna. 2) désastre, echec *(syn fracaso, desastre; ant. éxito)*. La Costa Brava se recupera del revés turístico sufrido el año pasado. **Al revés** à l'envers. **Tomar de revés** prendre à l'envers.

◎ **REVISAR**

1) revoir *(syn. ver de nuevo)*, examiner *(syn. examinar, estudiar)*. El FBI está revisando la documentación sobre la adjudicación de un programa español a los F. 18 de la Mac Donnell Douglas. 2) contrôler *(syn. controlar)*. Revisaron todos los billetes. 3) réviser. **Revisar al alza, a la baja** réviser à la hausse, à la baisse.

◎ **REVISTA *(syn. semanario, hebdomadario)***

revue, magazine. **Una revista económica** une revue économique. **Una revista de prensa** une revue de presse.

**REVITALLAMIENTO**

ravitaillement, fournitures. Una orden del congreso suspendió todo tipo de revitallamiento militar a la Contra.

**REVUELO**

trouble, confusion *(syn. agitación; ant. calma).* **Levantar** ou **armar revuelo** faire du bruit, créer la confusion. El revuelo que ha provocado el anuncio de la existencia de la primera oveja clónica, Dolly, ha encendido la luz de alarma en todo el mundo. **El revuelo fue mayúsculo** cela a fait grand bruit.

**REZAGADO** ***(syn. retrasado)***

retardataire, à la traîne. **Ir rezagado** être à la traîne. Es la única manera de no quedarse rezagado en la carrera del progreso. **Rezagar** 1) rester en arrière *(syn. demorarse, retrasarse).* 2) retarder, différer *(syn. aplazar).* **Rezago** retard *(syn. retraso).*

**RÍADA**

1) crue, inondation *(syn. inundación, desbordamiento).* El pobre hombre fue arrastrado junto con su hijo por la ríada. 2) flôt, ruée. Había una ríada de personajes conocidos en los pasillos.

**RIENDAS**

rênes (pr. ou fig.). Es importante que sea el Estado quien tenga las riendas de la producción y distribución de las drogas. **Llevar, tener las riendas** tenir les rênes. **Soltar, aflojar la rienda** lâcher la bride. **A rienda suelta** à fond de train (fam.). **Dar rienda suelta a** laisser libre cours à.

**RIGIDEZ**

rigidité, raideur. Hay que acabar con las rigideces de este sistema. **Rígido** rigide, raide *(syn. tenso, duro).*

**RIGOR**

rigueur. Es el fruto de una política inteligente llevada a cabo con mucho rigor. **En rigor** en réalité, à proprement parler.

**RODAR**

1) rouler *(syn. circular).* Este coche no rueda bien. 2) traîner, errer. Rodó todo el día por las calles madrileñas. **Andar rodando** traîner. **Caerse rodando** dégringoler. **Rodar por el mundo** rouler sa bosse. 3) tourner un film. Las películas serán rodadas en París y en Roma. **El rodaje** le tournage d'un film.

**ROL (syn. papel)**

rôle. Suiza juega un rol económico en la Unión más importante que el de algunos países miembros.

**ROMPECABEZAS** ***(syn. quebradero de cabezas)***

casse-tête, puzzle. Es un problema que constituye un verdadero rompecabezas para los dirigentes del país.

**◎ ROMPER**
1) rompre, briser, casser *(syn. destruir)*. Se esconde una maniobra para romper el partido. **Romper un récord** battre un record. 2) abîmer *(syn. estropear)*. 3) enfreindre, violer. **Romper la ley** enfreindre la loi. 4) casser, se disputer. Ha roto con su novia. 5) ouvrir *(syn. abrir)*. **Romper la marcha** ouvrir la marche. **Romper a** se mettre à. Rompió a llorar al enterarse de la noticia. **Romperse** se casser. **Romperse la cabeza** ou **los cascos** se casser, se creuser la tête. **Romperse la cara** se casser la figure.

**RONDA**
1) ronde *(syn. inspección)*. 2) boulevard périphérique. 3) tournée (fam.). Pagar una ronda. 4) séance. **Una ronda negociadora** une séance de négociations.

**ROTATIVO** ***(syn. periódico)***
journal. **El rotativo matutino** le journal du matin.

23

**◎ ROTUNDO**
1) catégorique *(syn. firme)*. La respuesta del gobierno fue rotunda. **Una negativa rotunda** un refus catégorique. 2) retentissant, éclatant *(syn. concluyente)*. **Un fracaso rotundo** un échec retentissant. **Rotundamente** catégoriquement, sans ambages.

**ROTURA**
1) rupture. La rotura de un cable eléctrico impidió la comunicación telefónica entre Ciudad Real y Toledo. 2) fracture *(syn. fractura)*. La rotura de un hueso. 3) cassure, brisure *(syn. quiebra)*, déchirure. Intenta reparar la rotura de su vestido.

**RUBRICAR**
1) parapher, signer *(syn. firmar)*. Se niega a rubricar este texto. 2) couronner, terminer *(syn. coronar, concluir)*. Para rubricar tal histórico momento los dos dirigentes se abrazaron.

**◎ RUEDA DE PRENSA**
conférence de presse. El jefe de la expedición francesa ha anunciado una rueda de prensa en Nueva York.

**RUMBO**
1) direction, marche, cap *(syn. dirección, orientación, trayectoria)*. Cuando los gobiernos atraviesan dificultades suelen producirse modificaciones con respecto al rumbo por seguir. **Perder el rumbo** perdre le nord. **Rumbo a** vers, en direction de, le cap sur. **Sin rumbo fijo** sans but, selon l'inspiration du moment, au hasard. **Tomar buen rumbo** bien tourner. 2) largesse, générosité, magnificence. **Con mucho rumbo** en grande pompe. La fiesta fue celebrada con mucho rumbo.

**RUMOREARSE**
courir le bruit. Se rumorea que está a punto de dar su dimisión. **Rumor** bruit, rumeur. **Cunde el rumor** le bruit court. **El rumor general** la rumeur publique.

**RUTA**
route, itinéraire, parcours. Desde hace días se registran combates entre dos bandas por controlar la ruta de la heroína que va del este a la costa. ➤ FA route **carretera**.

# S

◎ **SABIENDAS (a)** ***(syn. a propósito, adrede)***

sciemment, en connaissance de cause. Los jueces dictaron a sabiendas una resolución injusta.

**SABOTEAR ▸**

saboter. Sabotearon todas las máquinas del taller. **Sabotaje** sabotage *(syn. deterioración, destrucción)*. **Saboteador** saboteur.

◎ **SACAR**

1) tirer. Sacar la lengua. 2) sortir, tirer. El ejecutivo sacó los tres expedientes de su maletín. **Sacar conclusiones** tirer des conclusions. 3) enlever, ôter *(syn. extraer)*. Le sacaron tres dientes. 4) acheter, prendre des billets *(syn. comprar)*. He sacado tres entradas para el concierto de Pavarotti. 5) retirer, sortir. Sacar dinero del banco. 6) gagner de l'argent. **Sacar provecho** tirer profit. **Sacar cuartos** gagner de l'argent. 7) obtenir, décrocher *(syn. obtener)*. **Sacar un diploma** obtenir un diplôme. **Sacar la mayoría** obtenir la majorité. 8) prendre une photo. Sacar una foto. 9) inviter. Nadie la saca a bailar *(syn. invitar)*. 10) prendre *(syn. tomar)*. **Sacar apuntes** prendre des notes.

**SACAR + préposition**

**Sacar adelante** mener à bon terme. **Sacar a luz** révéler, rendre public *(syn. revelar)*. **Sacar a relucir** faire ressortir *(syn. recalcar)*. **Sacar por suerte** ou **a suerte** tirer au sort *(syn. sortear)*. **Sacar a la venta** mettre en vente. **Sacar de apuro** tirer d'embarras.

**SACUDIR**

secouer, ébranler. Muchas cosas fueron sacudidas por el primer impacto de la incorporación española en la Unión europea. **Sacudón** remous, secousse. **Sacudida** secousse. Las sacudidas fueron tan violentas que muchas casas del barrio se derrumbaron.

◎ **SALARIO** ***(syn. sueldo, paga)***

salaire. **Salario base** ou **básico** salaire de base. **Deducir del salario** retenir sur le salaire. **Fijación de salarios máximos** blocage des salaires. **Salario tope** salaire maximum, plafond de rémunération. **El salario mínimo interprofesional** le SMIC.

◎ **SALDAR**

solder. **Saldar una cuenta** solder un compte, régler une affaire. **El saldo** le solde. **Saldo acreedor, deudor** solde créditeur, débiteur. Los saldos de los ocho bancos más importantes siguen eminentemente positivos. **Saldo de cuenta** arrêté de compte. **Saldarse se** solder. Las divisiones internas se han saldado con el exterminio físico de los adversarios políticos.

◎ **SALIDA** *(ant. entrada)*

1) sortie. **Salida de emergencia** sortie de secours. El inspector denunció la ausencia de salidas de emergencia. 2) départ *(syn. partida ; ant. llegada)*. En Ginebra se estudia el calendario para la salida definitiva de las tropas de ocupación de Angola. **Salida nula** faux départ. 3) débouché *(syn. posibilidad de venta)*. Habrá que realizar un estudio de mercado para encontrar nuevas salidas. 4) issue. **Calle sin salida** voie sans issue. 5) parution, publication *(syn. publicación)*. La salida de un libro. **De salida** de prime abord, dès le début. **Línea de salida** ligne de départ. **Encontrar salida** se vendre, s'écouler. **Tener salida** aboutir. **Tener salida para todo** avoir réponse à tout. **Dar la salida** donner le départ.

**SALIR**

1) sortir. 2) partir. El TAV (Tren de Alta Velocidad) sale a las tres. 3) marcher (fig.) Pienso que me salió bien el examen. 4) se présenter, s'offrir (occasion, chance). **Salir barato, caro** revenir bon marché, cher. **Salir de** cesser d'être. Alfonsín salió de presidente. **Salir de apuros** se tirer d'affaire. **Salga lo que saliere** advienne que pourra.

**SALTAR**

1) sauter (pr. ou fig.). **Saltar de alegría** sauter de joie. **Saltar de un tema a otro** sauter d'un sujet à l'autre. **Saltar a la vista** sauter aux yeux. 2) dire, sortir, lancer *(syn. decir)*. **Saltó y dijo**... lança-t- il. 3) brûler (fig.). **Saltarse un semáforo** brûler un feu rouge. **Saltarse a la torera** ne pas tenir compte de. **Estar a la que salta** être prêt à profiter de la première occasion. **Salto** saut, bond, pas en avant. Audi ha dado un salto: un salto que ha podido darse gracias a la creatividad en la ingeniería del vehículo. (Pub Audi).

**SALUDABLE (syn. sano, benéfico)**

salutaire, bénéfique. Para este verano busco un pueblo tranquilo, con aire fresco y clima saludable. **Salud** santé. **Saludar** saluer. **El saludo** le salut, la salutation.

◎ **SALVAR**

1) sauver. **Salvar el honor** sauver l'honneur. Se piensa que todavía se puede salvar la producción. **Salvar la cara** sauver la face. 2) sauter, franchir, enjamber *(syn. saltar)*. Salvar un obstáculo. 3) éviter, contourner *(syn. evitar)*. **Salvar una dificultad** contourner une difficulté. **Salvarse** se sauver, réchapper. Se salvó del accidente. **Sálvese quien pueda** sauve qui peut. **Salvamento** sauvetage. **Salvo** sauvé.

**SANCIONAR**

1) punir, infliger une sanction, sanctionner. Como resultado de las reclamaciones la Unión sancionó a Sharp y a Canon hace unos meses. 2) approuver, valider *(syn. aprobar, validar)*. **Sancionar una ley** sanctionner une loi. **Sanción** sanction *(syn. castigo)*.

**SAQUEO** *(syn. pillaje)*

pillage, mise à sac. El saqueo de una ciudad. **Saquear** piller, saccager, mettre à sac *(syn. pillar)*. **Saqueador** pilleur. **Saqueador de tumbas** profanateur de tombes.

◎ **SATISFACER**

1) satisfaire *(syn. contentar)*. El Presidente argentino Carlos Menem prometía satisfacer las reivindicaciones de los obreros. 2) subvenir, répondre. **Satisfacer sus necesidades** subvenir à ses besoins, répondre aux besoins. **Satisfacer la demanda** répondre à la demande. 3) remplir. **Satisfacer todos los requisitos** remplir toutes les conditions requises. **Satisfecho** satisfait. **Darse por satisfecho** se contenter de. **Satisfactorio** satisfaisant.

**SECUELA** ***(syn. consecuencia, efecto)***

séquelle, suite. Las secuelas de la reconversión industrial obstaculizan el relanzamiento de la región.

**SECUESTRAR** ***(syn. raptar)***

enlever, sequestrer (otage), détourner un avion. **Secuestrador** qui sequestre, pirate de l'air. **Secuestro** sequestre, détournement d'avion, rapt *(syn. rapto).*

**SEDE (una)**

siège. **La sede de la ONU** le siège de l'ONU. El Escorial será sede de los cursos de verano de la Universidad Complutense de Madrid. **La sede social** le siège social. **La Santa Sede** le Saint Siège.

**SEGUIDOR**

partisan *(syn. partidario)*, adepte, fan, supporter. Pink Floyd tenía una cita multitudinaria con sus seguidores en el estadio Vicente Calderón de Valencia.

◎ **SEGUIR**

1) suivre. Un hombre la siguió hasta el umbral de su casa. **Seguir un discurso** suivre un discours. 2) continuer, poursuivre *(syn. continuar; ant. abandonar)*. Los encuestadores siguen sus investigaciones. 3) être toujours. **Sigue trabajando en la misma empresa** il est (il travaille) toujours dans la même entreprise.

◎ **SEGURIDAD** ***(ant. inseguridad)***

1) sécurité. Se ha tomado esta decisión en interés de la seguridad pública. 2) assurance. **Tener seguridad en sí mismo** avoir de l'assurance. 3) certitude. **Tener la seguridad de que** avoir la certitude que. **Dirección General de Seguridad** Sûreté Nationale.

**SEGURO (un)**

assurance. **Seguro social** assurance sociale. **Seguro a todo riesgo** assurance tous risques. **Seguro contra accidentes** assurance accidents. **Seguro contra robo** assurance vol. **Seguro contra tercera persona** assurance au tiers. **Seguro de vida** assurance sur la vie. **Seguro social** sécurité sociale *(syn. seguridad social)*. **Sobre seguro** à coup sûr, sans prendre de risques. **Es un seguro de colocación fácil** c'est une garantie pour trouver facilement un emploi.

◎ **SENCILLO**

1) simple *(syn. fácil)*. Es una cosa sencilla de entender. 2) humble, modeste *(syn. humilde, modesto)*. Nació en el seno de una familia sencilla. 3) naïf *(syn. crédulo)*. Te lo crees todo, eres una persona sencilla. **Sencillamente** simplement. **Sencillez** simplicité.

**SENO**

sein (pr. ou fig). Se ha operado de los senos. **En el seno** de au sein de.

**SEQUÍA**

sécheresse (pr.). Muchos países de Africa padecen sequía. **Sequedad** sécheresse (fig.). La sequedad de su voz produjo un malestar.

◎ **SIN**
sans. El ladrón entró en la casa sin hacer ruido. **Estar sin + infinitif** ne pas être. **La cama está sin hacer** le lit n'est pas fait. **Sin duda** sans doute. **Sin embargo** cependant *(syn. no obstante, empero)*. **Sin eso, sin lo cual** sans quoi, autrement.

**SÍNDROME**
syndrome. El síndrome de la crisis está marcando la vida política.

**SINFÍN** ***(syn. sinnúmero, infinidad; ant. escasez)***
grand nombre, infinité. Los 76 diputados deberán buscar a un hombre de consenso o decidir entre un sinfín de candidatos.

**SINIESTRO** ***(syn. desastre, catástrofe, accidente)***
sinistre. El siniestro ha destruido la cosecha de este año. **Siniestralidad** danger de mort. **Siniestralidad laboral** accident du travail, risque professionnel. El alto índice de siniestralidad le cuesta al país más de un billón de pesetas al año. **Un siniestrado** un sinistré.

◎ **SÍNTESIS**
synthèse. El tribunal ha formulado una síntesis de los distintos aspectos del informe.

◎ **SISTEMA (un)**
système. Su sistema nervioso fue duramente afectado. **Sistema tributario** régime fiscal. **Sistema retributivo** système de rémunération. Los trabajadores reivindican un cambio en su sistema retributivo. **Sistema monetario** système monétaire. **Sistema de pensiones** système des retraites. **Por sistema** par principe, systématiquement.

◎ **SOBERANÍA**
souveraineté. El parlamento considera la llegada de los Marines como una violación de la soberanía nacional. **Soberano** souverain, magistral. **Soberanear** régner, agir en souverain.

**SOBORNAR** ***(syn. corromper, pagar)***
corrompre. Los narcotraficantes peruanos compran y sobornan a jueces, diputados y militares. **Soborno** corruption.

◎ **SOBRADAMENTE**
1) largement, amplement *(syn. abundantemente, con creces)*. No sólo se han confirmado las esperanzas sino que se han desbordado sobradamente las previsiones. 2) de trop. **Lo conozco sobradamente** je le connais de trop *(syn. de sobra)*.

**SOBRECOGEDOR** ***(syn. conmovedor, impresionante)***
saisissant, émouvant. Hizo unas declaraciones sobrecogedoras. **Sobrecoger** 1) saisir, toucher *(syn. conmover)*. 2) prendre au dépourvu, surprendre *(syn. asombrar, sorprender)*. Su reacción violenta nos sobrecogió.

**SOBREPASAR**
1) dépasser. **Sobrepasar el límite de velocidad** dépasser la limite de vitesse. 2) excéder *(syn. superar, exceder)*. La demanda sobrepasa las cantidades disponibles.

◎ **SOBRESALIR** ***(syn. resaltar, destacar, distinguirse)***
ressortir, se distinguer, se détacher. La primera novela del joven autor sobresale por su capacidad de narrar acontecimientos.

**SOBREVOLAR**
survoler. Una cosa misteriosa sobrevoló anoche la capital francesa.

**SOCAVAR**
1) creuser *(syn. cavar, excavar)*. Socavaron el terreno durante varias horas para ver si encontraban el tesoro. 2) miner (fig.). **Socavar la moral** saper le moral.

◎ **SOCIO**
associé, partenaire, membre d'un club ou d'une association. **Los socios de la OTAN** les membres de l'OTAN. **Hacerse socio** s'inscrire, devenir membre. **Socio de número** membre titulaire.

**SOLAR** ***(syn. terreno)***
terrain vague, terrain à bâtir. El ayuntamiento busca un solar para construir un campo de fútbol.

**SOLICITUD** ***(syn. instancia, petición)***
demande, requête. Con esta única limitación podremos atender todas sus solicitudes. **Dirigir una solicitud** adresser une demande.

**SOLVENCIA** ***(ant. insolvencia)***
solvabilité, payement *(syn. pago)*. Si el cierre se prolonga tendremos problemas de solvencia económica. **Solventar** acquitter, payer une dette *(syn. pagar)*. **Solvente** solvable.

24 **SOLVENTAR** ***(syn. resolver, solucionar)***
résoudre, trouver une solution. Las instituciones políticas y sociales del estado no han aportado hasta la fecha nada que contribuya a solventar este problema.

**SONADO**
1) fameux *(syn. famoso)*. **Una sonada victoria** victoire fameuse. 2) qui fait du bruit. El abogado ha tenido actuaciones en sonados casos de violaciones de los derechos humanos. **Los días sonados** les jours de fête.

◎ **SONDEO**
sondage. Los sondeos predicen la victoria demócrata. **Sondear** faire un sondage. **Un sondeado** personne interrogée dans un sondage.

**SO PENA DE**
sous peine de. Es un derecho que no se puede desnaturalizar so pena de atentar contra uno de los fundamentos de la sociedad libre.

**SOPORTE** ***(syn. apoyo, ayuda)***
support, appui. Varias entidades bancarias le han propuesto un soporte financiero. **Soportar** supporter, tolérer *(syn. aguantar)*.

**SORTEAR**

1) éviter, esquiver (syn. evitar). Ramón Tamames ha sorteado en su largo camino político muchas trampas y se ha dejado seducir por algunos espejismos. 2) tirer au sort. Se ha sorteado el calendario de la primera fase de la liga nacional de fútbol. **El sorteo** le tirage au sort (syn. rifa).

**SOSEGAR**

1) calmer *(syn. calmar, aquietar).* Intentó sosegar los ánimos. 2) tranquiliser *(syn. tranquilizar).* La noticia lo sosegó. **Sosegado** tranquille, calme, serein *(syn. tranquilo, quieto).* **Sosiego** calme, tranquillité.

**SOSLAYAR** ***(syn. esquivar, evitar, rehuir)***

éviter, éluder. Muchos denuncian la tendencia del gobierno a soslayar todo lo que le incomoda. **De soslayo, al soslayo** en travers, de côté, à la dérobée. **Mirar de soslayo** regarder du coin de l'œil.

**SUBASTA**

vente aux enchères. Sus joyas y cuadros son hoy objetos de subasta tras subasta. **Subastar** vendre aux enchères.

**SUBCONTRATACIÓN**

sous-traitance. Acusó la administración de hacer la vista gorda ante los abusos empresariales que se producen en materia de contratación, subcontratación de obras y su calidad. **Subcontratista** sous-traitant. **Subcontrato** sous-traité. **Tomar, ceder en subcontrato** sous-traiter.

◎ **SUBDESARROLLADO** ***(ant. desarrollado)***

sous-développé. **Los países subdesarrollados** les pays sous-développés. **El subdesarrollo** le sous-développement.

**SUBDITO** ***(syn. ciudadano, habitante; ant. extranjero)***

sujet, ressortissant. La policía detuvo a un subdito francés considerado como uno de los jefes mafiosos internacionales.

**SUBMARINO**

sous-marin (adjectif et nom). Observaron cómo la plataforma submarina se extendía sobre aquella área.

◎ **SUBRAYAR** ***(syn. recalcar, insistir en, hacer hincapié en)***

souligner. No dijo que esos desastres eran quiméricos sino que subrayó su carácter paradójico y en cierto modo diabólico.

**SUBSIDIO**

allocation. **Subsidios familiares** allocations familiales. **Subsidio de desempleo** assurance chômage. **Subsidio de vivienda** indemnité de logement.

◎ **SUCEDER**

1) se produire, avoir lieu *(syn. acontecer, ocurrir, acaecer).* **¿Qué sucede?** Que se passe-t-il ? 2) succéder *(syn. reemplazar).* Su hijo le sucedió en la dirección de la empresa. **Un suceso** événement *(syn. acontecimiento).* La policía Autónoma acudió en seguida al lugar del suceso.

◎ **SUELDO** ***(syn. paga, salario, remuneración)***

salaire. Las agencias de publicidad suelen pagar un buen sueldo. **Sueldo a convenir** salaire à débattre. **A sueldo** moyennant salaire. **Sueldo base** salaire de base. **Estar a sueldo** être salarié. **Sueldo de hambre** salaire de misère.

**SUFRAGAR**

1) payer *(syn. pagar, abonar)*. No quiere sufragar la reparación. **Sufragar los gastos** supporter les frais. 2) financer *(syn. finanzar)*. **Sufragar un proyecto** financer un projet.

**SUGERENCIA** ***(syn. propuesta, consejo)***

suggestion, proposition. Los hombres de justicia vieron como desde Interior les llegaban todo tipo de sugerencias a las leyes que elaboraban. **Hacer una sugerencia** faire une proposition. **Sugerir** suggérer *(syn. proponer)*.

◎ **SUMAR**

1) s'élever à, faire au total *(syn. ascender a)*. **Suma 15000 pesetas** cela fait au total 15000 pesetas. 2) représenter. Los que no saben qué votar o se muestran indecisos suman un 15% de los votantes. 3) ajouter *(syn. añadir)*. A sus numerosas fiestas religiosas España suma una nueva: la del San Lunes. 4) être au total. Los participantes sumaban más de 500. 5) additionner *(ant. restar)*. **Suma y sigue** j'en passe et des meilleurs (fam.). **Sumarse a** se joindre à, se rallier à, s'ajouter *(syn. añadirse)*.

**SUMERGIDO**

souterrain, clandestin, caché. Unos 35 millones de Mexicanos están en paro o trabajando en la·economía sumergida. **Sumergir** submerger, plonger.

**SUMINISTRAR** ***(syn. proporcionar, proveer, abastecer)***

fournir, approvisionner. Irak tiene buenos amigos en la ONU: los Rusos le suministran armas. **Suministrar una información** fournir une information. **Suministro** 1) approvisionnement, fourniture *(syn. abastecimiento)*. **Servicio de suministro** service d'approvisionnement. 2) livraison. **Suministro a domicilio** livraison à domicile. **Suministrador** fournisseur.

◎ **SUPERAR**

1) excéder, dépasser *(syn. aventajar, exceder)*. El número de matriculados ha superado el del año pasado. **Superar el listón** dépasser la mesure. 2) surmonter. La crisis todavía no está superada. **Superación** 1) victoire sur. Los pueblos de América Latina luchan por la superación de la pobreza y del hambre. 2) franchissement. La superación de un obstáculo. 3) résolution *(syn. resolución)*. **La superación de las dificultades** la résolution des difficultés.

**SUPÉRAVIT** ***(syn. excedente, exceso)***

excédent. La suma de las dos balanzas deberá presentar un importante supéravit para España.

**SUPERPOTENCIA**

super puissance. Algunos hablan de la decadencia relativa de la superpotencia norteamericana.

**SUPERVALORAR**
surévaluer, surestimer. Había supervalorado sus capacidades de resistencia. **Supervaloración** surestimation.

**SUPERVIVIENTE**
survivant. No quedó ningún superviviente después del incendio. **Supervivir** survivre *(syn. sobrevivir; ant. morir, finalizar)*. **Supervivencia** survie *(ant. muerte, fin)*.

**SUPLENTE** ***(syn. sustituto, reemplazante)***
suppléant, remplaçant. Había entrado en el comité como suplente.

**SUPUESTAMENTE**
prétendument. Se trataría supuestamente de un periodista demasiado curioso. **Supuesto** imaginaire, supposé, soi-disant. **Por supuesto** évidemment. **En el supuesto de que** en supposant que.

**SURTIDO**
1) assortissement. Un surtido de caramelos. 2) choix, gamme. Le ofrecemos un gran surtido de trajes de baño para este verano. **Surtimiento** fourniture. **Surtidor** fournisseur, jet d'eau, pompe à essence. **Surtir** fournir, pourvoir, assortir. **Surtir efecto** faire effet. La noticia no surtió efecto alguno en la audiencia.

**SUSPENSIÓN**
1) arrêt, suspension. **Suspensión de pruebas** arrêt des essais. 2) levée. **Suspension de la inmunidad parlamentaria** levée de l'immunité parlementaire. 3) cessation. **Suspensión de pago** cessation de paiements.

**SUSPENSO**
1) recalé à un examen. Fue suspenso en matemáticas. 2) suspendu *(syn. colgado)*. Lo encontraron suspenso de una rama de árbol. 3) fig. ébahi, étonné *(syn. asombrado)*. **Con el corazón en suspenso** le cœur serré. **En suspenso** en suspens.

◎ **SUSTENTAR**
1) soutenir, défendre *(syn. sostener, defender)*. No sustento la tesis feminista. 2) entretenir, nourrir *(syn. mantener, alimentar)*. Tienen que sustentar a cinco hijos. **Sustentador** qui soutient, nourrissant. **Sustentación** entretien d'une famille, sustentation. **Sustentante** soutien, appui *(syn.apoyo)*. **Sustento** subsistance, nourriture, soutien. **Ganarse el sustento** gagner sa vie.

◎ **SUSTITUIR** ***(syn. reemplazar)***
remplacer, substituer. El consumo de pescado se sustituirá al de la carne. **Sustituto** remplaçant, suppléant. Es el alcalde sustituto.

**SUSTRAER**
1) dérober, voler *(syn. robar, hurtar, quitar)*. Los ladrones le sustrajeron todas las joyas que llevaba. 2) soustraire *(syn. restar)*.

# T

**TABLA**

1) planche. **Una tabla de vela** une planche à voile. **Tabla de salvación** planche de salut. **Pisar las tablas** monter sur les planches. **Hacer tabla rasa** faire table rase. 2) tableau d'affichage *(syn. tablero)*. El nombre de la empresa apareció en la tabla. **Tabla de materias** table des matières. **Tabla salarial** échelle des salaires. **Quedar en tablas** être à égalité *(syn. être à égalité)*. **Escaparse en tablas** l'échapper belle.

**TABLERO**

1) tableau d'affichage *(syn. tabla)*. **Tablero de mandos** tableau de commandes. 2) planche. **Tablero de dibujo** planche à dessin. 3) domaine (fig.). **En el tablero político** dans le domaine politique.

**TACHAR DE + adjectif *(syn. calificar)***

taxer, qualifier de + nom. El líder de UGT ha tachado al Presidente y al Ministro del trabajo de irresponsables. **Tachar** rayer *(syn. borrar, rayar)*. Tachó el primer párrafo del texto.

**TAJANTE**

formel, catégorique. Las órdenes eran tajantes: disparar sobre el detenido si intentaba evadirse. **Tajantemente** formellement.

◎ **TAMAÑO**

1) taille, importance, volume *(syn. dimensión, volumen)*. Por su tamaño, calidad y prestaciones este ordenador es la mejor oferta informática del momento. 2) format. El tamaño de un libro.

**TAMBALEARSE**

tituber, chanceler. En los años 80, la dictadura de Pinochet ya se tambaleaba.

**TAPAR**

1) boucher *(syn. cubrir, obstruir)*. **Taparse los oídos** se boucher les oreilles. 2) cacher, camoufler *(syn. esconder)*. Nos tapan la realidad. ➤ FA taper **golpear.**

**TAQUILLA**

1) guichet. Fue a la taquilla para sacar los billetes. 2) recette *(syn. taquillaje)*. Esta noche la taquilla es importante. **Taquillero** qui fait recette, qui a du succès.

**TAREA *(syn. labor, trabajo)***

tâche. Nadie quiere encargarse de esta tarea porque es fastidiosa. ➤ FA tare **tara.**

◎ **TARIFA *(syn. precio)***

tarif, prix. Telefónica solicita una subida de las tarifas del dos por ciento.

◎ **TARJETA**

carte. Tarjeta de visita, de crédito. **Tarjeta amarilla** carton jaune. El Real Madrid tuvo contra Francia una segunda tarjeta amarilla.

**◎ TASA**

1) taux. La Unión europea tiene una tasa media de paro del 11 %. **Tasa de crecimiento** taux de croissance. **Tasa de paro** taux de chômage. 2) taxe. Las tasas de importación están fijadas oficialmente. 3) mesure *(syn. medida)*. **Sin tasa** sans bornes.

**TECLADO**

clavier. El teclado de una máquina de escribir. **Las teclas** les touches du clavier. **Teclear** taper à la machine, pianoter.

**◎ TÉCNICO**

technicien. Los técnicos no lograron reparar el ordenador. **La técnica** la technique.

**TEJANO *(syn. pantalones vaqueros)***

jeans. Ahora todos los jóvenes llevan tejanos.

25 **◎ TEJIDO**

tissu (pr. ou fig.). No contaba el tejido económico español con una musculatura bien formada. **Un tejido de mentiras** un tissu de mensonges.

**TELEPROCESO**

télétraitement. Los nuevos sistemas de informática que Hacienda acaba de inaugurar están unidos por centenares de líneas de teleproceso.

**TELEVIDENTE ▸**

téléspectateur. Por Navidad, el Presidente se dirigió a los televidentes venezolanos. **Televisor** téléviseur. **Una emisión televisiva** une émission télévisée.

**TELÓN**

toile, rideau. **Telón de acero** rideau de fer. **Telón de foro** toile de fond. **Telón metálico** rideau de fer pour une boutique.

**TEMARIO *(syn. programa)***

programme. El lanzamiento de la expedición se hará en Madrid con un amplio temario. El temario de una conferencia.

**TEMPLAR**

1) tempérer, modérer. Templó la temperatura del agua antes de entrar en la bañera. 2) calmer *(syn. calmar)*. **Templar las gaitas** calmer les esprits. 3) adoucir. **Un tiempo templado** un temps doux.

**◎ TEMPORADA**

1) une saison commerciale. La temporada de la hostelería está fuertemente comprometida. **Temporal** temporaire *(syn. estacional, temporario)*. Sólo se trata de una medida temporal. 2) séjour *(syn. estancia)*. Pasó una temporada en Chile. 3) espace de temps. Hace ya una temporada que no lo he visto.

◎ **TENDENCIA**

tendance. Se invierte la tendencia registrada en los seis primeros meses del año. **Tendencia alcista** tendance à la hausse.

◎ **TENER**

avoir. No tienen ninguna esperanza de volver a caminar un día. **Tener a bien** juger bon. **Tener a menos** trouver indigne de soi. **Tener para sí** croire, penser. **Tener en ascuas** être sur les charbons ardents. La decisión que piensa tomar el torero tiene en ascuas a los empresarios que lo habían contratado. **Tener una asamblea** tenir une assemblée.

◎ **TERCER**

1) tiers. **La tercera parte** le tiers. 2) **Tercer mundo** tiers monde. Crece la deuda de los países del tercer mundo. **Tercermundista** tiermondiste. 3) **Tercera edad** troisième âge. A partir de los 60 años se inicia la tercera edad y es el momento para que Usted decida la mejor manera de vivirla.

◎ **TÉRMINO**

1) fin *(syn. final)*. Es muy probable que al término de este verano el balance de accidentes en carretera sea más negativo que nunca. 2) terme, mot *(syn. palabra)*. Todo no estaba estipulado en términos claros en el contrato. **Término municipal** commune.

**TERRATENIENTE**

propriétaire terrien. El Presidente Allende expropió a todos los grandes terratenientes.

**TERREMOTO**

tremblement de terre. 1400 muertos en un terremoto en el sur de China.

**TESIS**

thèse. Defiende su tesis ante varios científicos. **Presentar una tesis en la Universidad** soutenir une thèse.

◎ **TESTIMONIO**

1) témoignage. **Dar testimonio** porter témoignage. **Levantar falso testimonio** faire un faux témoignage. 2) attestation légale, preuve. **Testimoniar** témoigner *(syn. deponer, testificar)*. **Testigo** témoin. **Testigo presencial** témoin oculaire. Las cifras sobre el número de víctimas oscilaban entre 2.000 y 2.500 según testigos presenciales.

**TIBURÓN**

requin (pr. + fig.). **«Tiburón»** les Dents de la Mer. Un tiburón financiero. **El tiburoneo** le fait d'agir comme un «requin», sans pitié. La operación del Banco Central es el más puro estilo de tiburoneo financiero.

**TINTA**

1) encre. Las cartas no se escriben con tinta roja. 2) source. **De buena tinta** de source sûre. **Cargar las tintas** exagérer *(syn. exagerar)*. Hubo quien cargó las tintas diciendo que la recolocación sería imposible porque en Sagunto no hay terrrenos para construir empresas. **Sudar tinta** suer sang et eau. ➤ FA teinte **matiz.**

◎ **TIPO**

1) type *(syn. modelo)*. 2) taux. La confederación española de la pequeña y mediana empresa denunció ayer los altos tipos de interés que se aplican a sus créditos. **Tipo de descuento** taux d'escompte. **Tipo de cambio** taux d'échange.

◎ **TIRAR**

1) jeter *(syn. arrojar)*. Tiró al suelo todo lo que llevaba en los brazos. 2) jeter, gaspiller, dépenser *(syn. despilfarrar, malgastar, dilapidar)*. **Tirar la casa por la ventana** faire des dépenses inutiles. **Tirar la toalla** passer l'éponge. **Tirar por adelante** aller de l'avant. **Ir tirando** vivre modestement. ➤ FA tirer **sacar. Sacar conclusiones, sacar dinero.**

**TIRÓN**

1) vol à la tire. Los delitos más frecuentes suelen ser el robo de coches y el tirón. 2) hausse. El aumento de la inflación es la consecuencia del fuerte tirón que han dado los precios de los productos alimenticios. **El tirón del consumo** l'augmentation de la consommation. 3) grande distance. De mi casa al colegio hay un tirón. **De un tirón** d'un trait.

**TIROTEO**

coups de feu, fusillade, échange de coups de feu. Al mediodía de ayer seguían oyéndose tiroteos en varias partes del centro de la capital. **Tirotear** 1) tirer sur. 2) échanger des coups de feu. 3) tirailler.

**TITUBEO** ***(syn. vacilación)***

hésitation. Después de varios años de titubeo remitieron los anteproyectos de estatutos para Ceuta y Melilla.

**TITULARSE**

1) obtenir un diplôme. 50000 jóvenes se titularon en ciencias económicas el año pasado. 2) s'intituler *(syn. denominarse, llamarse)*. Ya no me acuerdo de cómo se titulaba aquella película de Saura. **Titulación** diplôme.

**TOMA**

1) prise. Toma de contacto, de conciencia. **Toma de vistas** prise de vues. **Lo toma o lo deja** c'est à prendre ou à laisser. 2) atterrissage *(syn. aterrizaje)*. **A toma y daca** donnant donnant.

◎ **TOMAR**

1) prendre *(syn. coger)*. Nunca había tomado el avión. **Tomar en serio** prendre au sérieux. Nadie había tomado en serio sus amenazas. **Tomar prestado** emprunter. **Tomar a bien** prendre du bon côté. 2) embaucher *(syn. contratar)*. Tomó a dos obreros para terminar rápidamente este trabajo. **Tomar tierra** atterrir *(syn. Aterrizar)*.

**TONELADA**

tonne. Pesa más de dos toneladas.

◎ **TÓNICA**

1) tendance générale. Brasil y México aparecen como la excepción de una tónica generalizada de desaceleración del crecimiento. 2) la tenue du marché (Bourse).

◎ **TOPE**

1) le plafond, la limite *(syn. extremo, límite)*. **Tope de caducidad** date limite de vente. **Fecha tope** date limite. **Precio tope** prix maximum. **Rellenar a tope** faire le plein. **Estar hasta los topes** être très chargé, en avoir assez. 2) frein *(syn. freno)*. **Poner tope** freiner *(syn. frenar)*. Poner tope a sus ambiciones.

**TÓPICO** ***(syn. lugar común)***

lieu commun, cliché. Lo que era un tópico folklórico-turístico aparece hoy distinto y nuevo.

**TOQUE**

1) avertissement *(syn. aviso, advertencia)*. **Toque de atención** mise en garde *(syn. advertencia)*. Su discurso era en realidad un toque de avertencia sobre los peligros de tal decisión. 2) sonnerie. **El toque de los difuntos** la sonnerie aux morts. **Toque de queda** le couvre-feu. 3) finition. **Dar el último toque** mettre la dernière touche. ➤ FA une toque **un gorro.**

**TORPEDEAR**

1) torpiller. Dos submarinos fueron torpedeados en el Golfo Pérsico. 2) mettre des obstacles, faire échouer. Torpedear un proyecto. **Torpedeo** torpillage. **Torpedo** torpille.

◎ **TRABAJO**

1) travail. El trabajo manual. Un trabajo de equipo. 2) tâche *(syn. labor, tarea)*. **Darse el trabajo** de faire l'effort de. **Trabajos forzados** ou **forzosos** travaux forcés. **Trabajo clandestino** le travail au noir. **Trabajo temporal** travail temporaire.

**TRABAS** ***(syn. impedimientos, obstáculos)***

entraves, obstacles. **Poner trabas** entraver.

**TRAMITAR**

faire les démarches pour obtenir. Tramitar un pasaporte. **Trámites** démarche, procédure *(syn. procedimiento)*. Tuvo que hacer trámites para conseguir su visado para Rusia.

◎ **TRANSCURRIR**

1) passer. ¡Con qué rapidez transcurre el tiempo! 2) se passer, avoir lieu *(syn. ocurrir)*. La primera fase transcurrió entre 1985 y 1995. **Transcurso** cours, période, espace de temps. El transcurso de los años.

**TRANSEÚNTE**

1) piéton, passant *(syn. peatón)*. Es una vía especial para los transeúntes. 2) de passage. Una persona transeúnte. 3) temporaire *(syn. transitorio, temporal; ant. definitivo)*. Son medidas transeúntes.

**TRANSFERENCIA**

transfert, virement. **Transferencia de fondos, de tecnología**, transfert de fonds, de technologie. El presupuesto de ICONA que era de 6 mil millones ha quedado reducido a 1 500 por las transferencias a las autonomías.

**TRANSFUGA**

transfuge. El testimonio del transfuga, que decidió pasar a occidente, es interesante.

**TRANSITAR** ***(syn. pasar, circular)***

parcourir, passer. Transitar por la calle. **Tránsito** passage, transit de marchandises. **De mucho tránsito** à grande circulation. **De tránsito** de passage. **Tránsito rodado** circulation routière.

**TRANSPLANTE (ou TRASPLANTE)**

transfert, greffe d'organe. Un transplante del corazón.

**TRASFONDO**

toile de fond, arrière plan. En la novela «Ganas de embromar» es la situación socio-política la que emerge como trasfondo.

◎ **TRASLADAR**

1) transférer. La oficina fue trasladada en la calle Ruiz Blas. 2) muter. El funcionario fue trasladado a otra provincia. 3) transporter *(syn. llevar, transportar).* Trasladaba todo el material necesario para la reparación del coche. **Trasladarse** se déplacer. Se trasladó del aeropuerto al hotel en coche blindado.

◎ **TRASPASAR**

1) passer *(syn. pasar).* Traspasar la frontera. 2) transpercer. El viento y las lluvias torrenciales traspasan las paredes de la chabola. 3) traverser *(syn. atraversar, cruzar).* Traspasar un río. Traspasar las barreras del sonido. 4) vendre *(syn. vender).* **Traspasar un coche**, vendre une voiture. 5) enfreindre. Traspasar la ley. **Traspaso** cession, vente, transfert, infraction.

**TRASTORNAR** ***(syn. trastocar, cambiar, perturbar)***

chambouler, transformer. Su permanencia en el Centro Penitenciario de Palma trastornó un tanto la normalidad de la prisión. **Trastorno** bouleversement. Su readaptación a un medio distinto acarrearía trastornos sin cuenta.

**TRATADO** ***(syn. pacto, convenio)***

traité. El Tratado de Roma. **Tratar** traiter, discuter *(syn. discutir).* Jordi pujol se entrevistó con el Presidente de la Unión europea para tratar del mismo asunto. **Tratarse** s'agir. ¿De qué se trata?

**TRATAMIENTO**

traitement. Tratamiento de la información. El reportaje fue realizado con un tratamiento correcto, serio y documentado.

**TRAVESÍA**

traversée. No era nada más ni menos que su primera travesía en barco. **La travesía del desierto** la traversée du désert.

**TRAYECTORIA**

1) trajectoire, parcours *(syn. recorrido).* Los policías estudiaron detenidamente la trayectoria seguida por la bala disparada. 2) tendance *(syn. tendencia).* **La trayectoria de un periódico** la tendance d'un journal.

◎ **TREGUA**

1) pause, arrêt *(syn. pausa).* Trabajaron durante seis horas seguidas sin ninguna tregua. 2) trêve *(syn. armisticio).* La tregua fue de corta duración.

**TREN**
train. Perder el tren manquer le train (pr. ou fig.). La Universidad española ha perdido el tren de la revolución tecnológica de las telecomunicaciones. **Tren de cercanías** train de banlieue. **Tren de vida** train de vie. **Ir a buen tren** aller bon train.

26

**TRIGO**
blé. La producción de trigo ha aumentado del 2% en tres años. **No es trigo limpio** c'est louche. **Trigo en cierne** blé en herbe. **Trigal** champ de blé.

**TRIPULACIÓN**
équipage. La tripulación de este vuelo está formada de expertos profesionales que harán que su vuelo resulte lo más agradable posible.

◎ **TRIUNFO**
1) triomphe *(syn. éxito)*. Un triunfo teatral. 2) victoire *(syn. victoria)*. El triunfo del ejército francés. **Triunfar** triompher *(syn. vencer, ganar)*.

◎ **TUMBAR**
1) renverser *(syn. derribar)*. En Argentina, el pueblo tumba al régimen constitucional. 2) recaler à un examen *(syn. suspender)*. Le tumbaron en el examen de química. 3) s'allonger, s'étendre *(syn. echarse)*. Se tumbó unos minutos para descansar.

# U

**UBICAR**
être situé, se trouver. Es un importante hotel que se ubica en la Costa del Sol. **Ubicación** situation, localisation. **Ubicuidad** ubiquité.

**UFANO** ***(syn. orgulloso, satisfecho)*** ▶
fier, orgueilleux. Está ufano de su resultado. **Ufanarse** être fier, s'enorgueillir *(syn. vanagloriarse)*. **Ufanía** fierté, orgueil *(syn. orgullo)*.

**UGETISTA**
adjectif relatif au syndicat UGT. Mi voluntad como ugetista y socialista es contribuir a que se solucione este problema lo mejor posible.

**ULTRAMAR**
outre-mer. **Ir a ultramar** aller outre-mer. Corea del Sur debe abrir sus mercados a los países de ultramar. **Tienda de ultramarinos** épicerie.

◎ **UMBRAL**

1) seuil *(syn. entrada)*. No pudo ir más allá del umbral de la casa. **El umbral de rentabilidad** le seuil de rentabilité. **El umbral máximo** le point ultime, l'extrême. Hace 20 años, se creía que el ser humano había alcanzado ya el umbral máximo de velocidad posible. 2) origine, début *(syn. origen)*. Estar en el umbral de la vida.

◎ **URBE (una)** ***(syn. gran ciudad, metropoli, población)***

cité, grande ville. Las grandes urbes se despueblan durante el mes de agosto. **Urbanización dormitorio** cité dortoir. **Urbanizar** urbaniser, aménager. **Zona sin urbanizar** zone non aménagée. **Urbano, urbanístico** urbain *(ant. rural)*. **Urbanidad** urbanité, politesse.

◎ **USO**

1) usage, utilisation *(syn. utilización)*. El uso de las materias primas. 2) usage, coutume *(syn. costumbre)*. El uso exige que la gente se case después de los quince años. 3) emploi. Instrucciones para el uso mode d'emploi. 4) exercice. **El uso del poder** l'exercice du pouvoir. **Al uso** en usage, à la mode. **En buen uso** en bon état. **En uso de** en vertu de. **En uso de las facultades que le confiere la constitución** en vertu des pouvoirs qui lui sont conférés par la constitution. **Hacer buen uso** de faire bon usage de *(ant. hacer mal uso de)*. **Tener uso de razón** avoir l'âge de raison. **Usar** utiliser, employer, se servir de *(syn. valerse, utilizar)*, porter (vêtements, lunettes). **Usado** usé, usagé, usité. Una palabra poco usada.

◎ **USUARIO**

1) usager. Los usuarios de la carretera les usagers de la route. 2) utilisateur. Los usuarios del vídeo.

**ÚTIL**

1) utile. **Lo útil** l'utile. Unir lo útil con lo agradable. **Utilidad** utilité. **Impuesto de utilidades** impôt sur le revenu. 2) outil *(syn. herramienta)*.

# V

**VACIAR** ***(ant. llenar)***

1) vider. Vació la botella en unos cuantos segundos. 2) faire évacuer. Después de la llamada telefónica anónima, los policías vaciaron la sala de cine. 3) se jeter dans, déboucher *(syn. desembocar)*. El Ebro vacía en el Mediterráneo. **Vacío** vide.

◎ **VACILACIÓN**

hésitation. Contestó a todas las preguntas sin ninguna vacilación. **Vacilante** hésitant. **Vacilar** hésiter. **Vacilar** en hésiter à.

**VAIVÉN**

1) va et vient. 2) changement, fluctuation *(syn. fluctuación, oscilación)*. Los vaivenes políticos. Los caóticos vaivenes de Mao habían producido estructuras menos rígidas.

**VÁLVULA DE SEGURIDAD ou DE ESCAPE**
soupape de sécurité. Esta economía clandestina constituye una verdadera válvula de seguridad.

**VANAGLORIARSE** ***(syn. alabarse, jactarse, envanecerse)***
se vanter. Se vanagloria de sus numerosas conquistas femeninas.

**VARIOPINTO**
1) multicolore. Un papel variopinto. 2) divers, multiple *(syn. diverso, diferente)*. Los caminos del espionaje son tan variopintos como inescrutables.

◎ **VATICINAR**
1) prédire, présager, prévoir. Es posible vaticinar movimientos de violencia durante el plebiscito. 2) pronostiquer. Muchos habían vaticinado su victoria antes de que se conocieran los resultados. **Vaticinio** prédiction *(syn. predicción)*.

**VECINDARIO**
1) habitants d'un lieu *(syn. vecinos, habitantes)*, population *(syn. población)*. Un texto firmado por 15000 personas resume las preocupaciones del vecindario de Madrid. 2) voisinage *(syn. vecindad)*. El vecindario de Francia y España condiciona la educación en Andorra. **Vecino** voisin. País vecino. **Ser vecino d**e habiter, vivre à.

◎ **VELOCIDAD** ***(syn. rapidez ; ant. lentitud)***
rapidité, vitesse. Los atletas españoles están al asalto de las plusmarcas nacionales de velocidad. Velocidad de ejecución. **La caja de velocidades** la boîte de vitesses *(syn. caja de cambios)*. **Veloz** rapide *(syn. rápido ; ant. lento)*.

**VENCER**
1) vaincre, gagner, remporter *(syn. ganar, triunfar; ant. perder)*. El equipo español venció en el torneo de fútbol. 2) arriver à échéance *(syn. llegar a término)*. El plazo vence a finales de este mes. 3) surmonter *(syn. superar)*. Logró vencer los obstáculos.

◎ **VENTAJA** ***(ant. inconveniente)***
avantage. Gozamos de una ventaja de localización. **Ventajas asistenciales** avantages sociaux. **Sacar ventaja de** dépasser, l'emporter sur *(syn. adelantar)*. **Ventajista** profiteur. **Ventajoso** avantageux.

**VERANIEGO** ***(syn. de verano)***
estival, d'été. La aglomeración de los fines de semana veraniegos deja estupefacto al turista alemán. **Veraneante** vacancier. **Veranear** passer ses vacances.

**VERBENA**
fête, kermesse. El ayuntamiento organiza una gran verbena en la plaza de Castilla el sábado.

**VEREDICTO** ***(syn. juicio)***
verdict. El culpable escuchó el veredicto sin levantar la cabeza. **Veredicto de inculpabilidad** verdict d'acquittement. ➤ FA véridique **verídico.**

**VESPERTINO** ***(syn. diario de la tarde)***
quotidien du soir. «24 heures» ha sido concebido como un vespertino de calidad que privilegia la información económica.

◎ **VETAR**
mettre, opposer son veto à. El Presidente vetó ayer un proyecto de ley de gastos de defensa.

**VÍA**
voie. La vía pública. **Estar en vías de** être en voie de. **Estar en vía muerta** être sur une voie de garage. **Vía peatonal** zone piétonne. **Por vía de** sous forme de, à titre de.

◎ **VIGENTE**
en vigueur. Es la normativa legal vigente en materia de contratación. **Vigencia** mise en application. El poder de los militares se refleja en la vigencia del estado de sitio.

**VINCULAR**
lier, attacher. Están muy vinculados entre sí. **Vinculante** contraignant. **Vínculo** lien, trait d'union. Vínculo conyugal.

**VÍSPERAS DE (en)**
à la veille de. Irán contraatacó en vísperas de la negociación en la ONU.

**VISTAZO**
coup d'œil. **Dar** ou **echar un vistazo** jeter un coup d'œil. Dio un rápido vistazo al texto del proyecto y lo aprobó.

**VITALICIO** ***(syn. perpetuo; ant. provisional, momentáneo)***
viager, à vie. El Tribunal Supremo ratifica que la generalitat pague una pensión vitalicia a un enfermo al que se inoculó el sida. **Renta vitalicia** rente viagère.

**VITOREAR**
acclamer. Más de 50 000 personas vitorearon al ciclista español después de su victoria del «Tour de France». **Vítor** vivat. Los gritos y los vítores de la multitud le impidieron seguir el discurso.

◎ **VIVIENDA** ***(syn. casa, residencia)***
logement, habitation. Se han construido muchas viviendas nuevas en este barrio.

◎ **VOLUMEN**
volume. España es hoy por su volumen de producción industrial el quinto país de Europa Occidental.

**VORAGINE (una)** ***(syn. torbellino, remolino, vortice)***
tourbillon, remou. Ya ni me acuerdo de aquello porque mi vida es una voragine.

◎ **VOTACIÓN** ***(syn. voto)***
vote. La encuesta se realizó mediante una votación por correo. **Votación a mano alzada** vote à main levée. **Poner a votación** mettre aux voix. **Votación de desempate** scrutin de ballotage.

**VOTO** ***(syn. votación)***
vote. **Tener voto** avoir le droit de vote. **Voto de censura** blâme. **Votar** voter **Votante** votant. Las elecciones en Polonia registraron una intensa afluencia de votantes.

◎ **VUELCO**
renversement, bouleversement, retournement. **Vuelco en la tendencia** retournement de tendance. De repente se produjo un vuelco en la tendencia. **Sufrir un volcón** connaître un profond renversement de situation.

◎ **VUELTA**
1) tour. **Dar la vuelta al mundo** faire le tour du monde. «La vuelta» le tour d'Espagne cycliste. 2) retour *(syn. regreso)*. A su vuelta pudo contemplar numerosos cambios. **Una elección con segunda vuelta** élection à deux tours. **Estar de vuelta de todo** être blasé de tout. **¡No le des más vueltas!** n'y pense plus !

# Y

**YACIMIENTO**
gisement. Los yacimientos de cobre en Chile representan unos de los más importantes en el mundo.

**YONQUIS** ***(syn. drogadictos)***
drogués. Los yonquis son un peligro evidente en algunas playas mediterráneas.

◎ **YUGULAR**
juguler. Hay que yugular la inflación.

# Z

**ZAGA**
arrière. **A la zaga** en arrière. Alemanes y Franceses van muy a la zaga de los españoles en la expansión del camping.

**ZANCADA**
enjambée. **A zancadas** à grands pas. Cruzaron la calle a zancadas.

**ZANJAR**
aplanir, régler (litige, difficulté). Las declaraciones del negociador parecen zanjar unas cuantas dificultades.

◎ **ZONA**
zone, région. **Zona del dólar** zone dollar. **Zonas verdes** espaces verts. **Zona de libre cambio** zone de libre échange.

# ANNEXES

## 1. LES NOUVEAUX HISPANISMES

Beaucoup persévèrent dans leurs efforts pour conserver au français ses lettres de noblesse face à l'invasion de l'anglais. L'espagnol est sans doute moins virulent dans son autodéfense puisqu'il admet le voisinage des langues des Autonomies. Il a pourtant démontré une originalité certaine devant les néologismes anglo-saxons. Il accepte souvent les mots mais les orthographie à sa manière en ajoutant parfois un accent pour respecter la syllabe accentuée en anglais. Étonnant paradoxe, résultats intéressants.

Voici quelques-uns de ces mots « hispanisés » :

| | | | |
|---|---|---|---|
| anglosajón | anglosaxon | gol | goal |
| barmán | barman | hamburguesa | hamburger |
| béisbol | baseball | interviú | interview |
| bictec (bisté) | beefsteak | láser | laser |
| boicot | boycott | líder | leader |
| boicotear | boycotter | liderazgo | leadership |
| cóctel | cocktail | listado | listing |
| computadora | computer | mitín | meeting |
| champú | shampooing | récord | record |
| dólar | dollar | repórter | reporter |
| escáner | scanner | tenis | tennis |
| estrés | stress | tenista | tennisman |
| fútbol | football | voleibol | volley-ball |
| gángster | gangster | yate | yatch |

Naturellement de nombreux mots sont conservés intacts e.g. « hardware » mais d'autres ont été totalement adaptés « baloncesto » pour basket-ball, « balonmano » pour hand-ball et l'on dit également « balonvolea » pour volley-ball, bien que l'on trouve « voleibol ».

Rappelons que le Premier Ministre dirige depuis « La Moncloa » (qui est l'équivalent de « Matignon » pour la France). Certains journaux créent des néologismes à ce sujet : « Se trata de corregir la mala gestión del PSOE, desmoncloizándole » (Diario 16. 31 Janvier 1989).

On peut également souligner quelques gallicismes, peu nombreux dans leur modification orthographique, ainsi que certaines adaptations d'origines diverses.

| | | | |
|---|---|---|---|
| champán | champagne | quermese | kermesse |
| crac | krach | quilo | kilo |
| folletón | feuilleton | quimono | kimono |
| gueto | ghetto | yogur | yogourt |
| iglú | igloo | yudo | judo |
| parque | parc | yungla | jungle |
| pin pon | ping pong | zar | tsar |

## 2. LES COMMUNAUTÉS AUTONOMES

| **Regiones** | **Provincias** |
|---|---|
| Andalucía | Córdoba, Jaén, Huelva, Sevilla, Cádiz, Málaga, Granada, Almería |
| Aragón | Huesca, Zaragoza, Teruel |
| Asturias | Oviedo |
| Baleares | Palma de Mallorca, Ibiza, Menorca, Formentena, Cabrera |
| Canarias | Las Palmas, Tenerife |
| Cantabria | Santander |
| Castilla-La-Mancha | Toledo, Guadalajara, Ciudad Real, Albacete, Cuenca |
| Castilla-León | León, Palencia, Zamora, Valladolid, Salamanca, Soria, Avila, Segovia, Burgos |
| Cataluña | Gerona, Lérida, Barcelona, Tarragona |
| Comunidad Valenciana | Castellón, Valencia, Alicante |
| Extremadura | Badajoz, Cáceres |
| Galicia | La Coruña, Lugo, Pontevedra, Orense |
| Madrid | Madrid |
| Navarra | Pamplona |
| País Vasco | Vizcaya, Guipúzcoa, Alava |
| Región Murciana | Murcia |
| Rioja | Logroño |

## 3. LE MONDE HISPANIQUE

Voici l'extension au monde hispanique des adjectifs de localisation. L'occasion est ainsi donnée de mémoriser le nom des pays où l'espagnol est langue officielle, leur capitale ainsi que leur monnaie en circulation pour éviter certaines confusions.

| País | Adjetivo | Capital | Moneda |
|---|---|---|---|
| Argentina | argentino | Buenos Aires | el peso |
| Bolivia | boliviano | La Paz | el peso boliviano |
| Chile | chileno | Santiago | peso |
| Colombia | colombiano | Bogotá | peso |
| Costa Rica | costariqueño<br>costarricense | San José | el colón |
| Cuba | cubano | La Habana | peso |
| Ecuador | ecuatoriano | Quito | sucre |
| Guatemala | guatemalteco | Guatemala Ciudad | quetzal |
| Honduras | hondureño | Tegucigalpa | lempira |
| México | mexicano | México (1/1/1998) | peso |
| Nicaragua | nicaragüense | Managua | córdoba |
| Panamá | panameño | Panamá Ciudad | balboa |
| Paraguay | paraguayo | Asunción | guaraní |
| Perú | peruano | Lima | el sol |
| Rep. Dominicana | dominicano | Santo Domingo | peso |
| Salvador | salvadoreño | San Salvador | colón |
| Uruguay | uruguayo | Montevideo | peso |
| Venezuela | venezolano | Caracas | bolívar |

• Deux anciennes possessions espagnoles :

| | | | |
|---|---|---|---|
| Filipinas (1) | filipino | Manila | peso |
| Puerto Rico (2) | portorriqueño | San Juan | dólar U.S. |

(1) Les Philippines doivent leur nom à l'infant Felipe, futur Felipe II d'Espagne (1542). Elles furent cédées aux Etats-Unis en 1898 à la suite de la guerre hispano-américaine. Elles connurent leur indépendance absolue en 1946 mais conservent des rapports étroits avec les USA qui y entretiennent la célèbre base navale de Subic Bay.

(2) Puerto Rico fut découverte par Christophe Colomb en 1493. Elle fut cédée aux Etats Unis en 1898, par le Traité de Paris. En 1917, le Jones Act donna aux Portoricains la nationalité américaine. Aujourd'hui, l'île a le statut d'« État Libre Associé ». Ce sont ses ressortissants qui, installés à Manhattan, ont été source d'inspiration pour le scenario du film West Side Story. Le quartier qu'ils occupent au nord-est de Manhattan s'appelle Spanish Harlem.

• Pour Gibraltar on dit souvent « el Peñón».

## 4. QUELQUES SIGLES ET ABRÉVIATIONS

| | |
|---|---|
| AEDENAT | Asociación ecologista de defensa de la naturaleza |
| ANPE | Asociación Nacional del Profesorado Electoral |
| AP | Alianza Popular (Partido Democrata Popular) |
| BID | Banco Interamericano de Desarrollo |
| CC AA | Cortes Generales entre Comunidades Autónomas |
| CC OO | Comisiones Obreras (sindicato comunista) |
| CDS | Centro Democrático Social |
| CEEA | Comunidad Europea de la Energía Atómica (EURATOM) |
| CEPAL | Comisión Económica para América Latina y el Caribe |
| CNT | Confederación Nacional delTrabajo (sindicato anarquista) |
| EE | Euskadi Eskera |
| EE.UU | Estados Unidos |
| EGB | Enseñanza General Básica |
| EGM | Estudio General de Medios |
| ERC | Esquerra Republicana Catalana |
| FMI | Fondo Monetario Internacional |
| GAL | Grupos Antiterroristas de Liberación |
| HB | Herri Batasuna |
| ICONA | Instituto para la Conservación de la Naturaleza |
| IDE | Iniciativa de Defensa Estratégica (IDS) |
| INEM | Instituto Nacional de Empleo |
| INI | Instituto National de Industria |
| IPC | Indice de Precios al Consumo |
| IVA | Impuesto sobre Valor Añadido (TVA) |
| JJ.OO | Juegos Olímpicos |
| MCC | Mercado Común Centroamericano |
| MOPU | Ministerio de Obras Públicas |
| OACI | Organización de Aviación Civil Internacional |
| OEA | Organización de los Estados Americanos |
| OCDE | Organización para la Cooperación y el Desarrollo Económico |
| OCU | Organización de Consumidores |
| OMS | Organización Mundial por la Salud |
| OPA | Oferta Pública de Adquisición |

| | |
|---|---|
| OPEP | Organización de Países Exportadores de Petróleo |
| OTAN | Organización del Tratado de Atlántico Norte |
| PA | Pacto Andino |
| PAC | Política Agraria Común |
| PCEIU | Partido Comunista Español, Izquierda Unida |
| PMA | Países Menos Avanzados |
| PNV | Partido Nacionalista Vasco |
| PRI | Partido Revolucionario Institucional (México) |
| PSOE | Partido Socialista Obrero Español |
| RENFE | Red Nacional de Ferrocarriles Españoles (SNCF) |
| RNE | Radio Nacional de España |
| RTVE | Radio y Televisión Española |
| SME | Sistema Monetario Europeo |
| SMLA | Sistema Monetario Latinoamericano |
| TVE | Televisión Española |
| UCD | Unión de Centro Democrático |
| UGT | Unión General de los Trabajadores |

## 5. L'UNION EUROPÉENNE.

| **País** | **Adjectivo** | **Capital** |
|---|---|---|
| Alemania | alemán | Bonn |
| Austria | austriaco | Viena |
| Bélgica | belga | Bruselas (1) |
| Dinamarca | danés<br>dinamarqués | Copenhague |
| España | español | Madrid (2) |
| Francia | francés, galo | París (3) |
| Grecia | griego | Atenas (4) |

(1) L'adjectif « bruxellois » se traduit par « bruselense ».

(2) L'adjectif « madrilène » se traduit par « madrileño ».

(3) L'adjectif « parisien » se traduit par « parisiense ». Bien qu'ils soient d'un emploi courant, les adjectifs « parisién » et « parisino » sont considérés comme des gallicismes.

(4) L'adjectif « athénien » se traduit par « ateniense ».

| País | Adjectivo | Capital |
|---|---|---|
| Holanda (Países Bajos) | holandés | Amsterdam |
| Irlanda | irlandés | Dublín |
| Italia | italiano | Roma (5) |
| Luxemburgo | luxemburgués | Luxemburgo |
| Noruega | noruego | Oslo |
| Portugal | portugués<br>lusitano (6)<br>luso (6) | Lisboa |
| Reino Unido | inglés | Londres (7) |
| Suecia | sueco | Estocolmo |

(5) L'adjectif « romain » se traduit par « romano ».

(6) Les adjectifs « lusitano » et « luso » viennent de l'ancien nom romain du Portugal qui était Lusitania. Pour parler des Portugais, on dit « los Portugueses ».

(7) L'adjectif « londonien » se traduit par « londinense ».

- Le Royaume-Uni se compose de « Gran Bretaña », elle-même constituée de « El País de Gales » et de « Escocia » pour lesquels les adjectifs respectifs sont « galés » et « escocés ».

- Connaître aussi les lieux de rencontre européens que sont Estrasburgo (Strasbourg), Estocolmo (Stockholm) et Ginebra (Genève).

- Attention à l'orthographe : Europe : Europa ; européen(ne) : europeo(a).

# Exercices

# 1re Semaine 1 – 50 : Abajo – Agregado

## 1. Donnez le synonyme des mots suivants

1. actuar de............................................
2. en el acto ........................................
3. adelantos ........................................
4. adinerado ........................................
5. adolecer de ......................................
6. agotar ..........................................
7. agredido ........................................
8. acarrear ........................................
9. acto ..............................................
10. acoger............................................

## 2. Traduisez

1. afán ..............................................
2. saisir le moindre prétexte ..............
3. hacerse fiador de uno ......................
4. a medio abrir ...................................
5. venir en aide à ................................
6. un accord passé ............................
7. acuciamiento...................................
8. faire une remarque .......................
9. riche d'enseignements ................
10. adinerarse .....................................

## 3. Choisissez la bonne réponse

1. En las horas punta, el metro y los autobuses están ...........
   a) abastecidos b) abogados c) abarrotados d) abonados
2. Ante la poca atención que le manifestaba la gente, decidió ....... su discurso.
   a) acometer b) actuar c) acortar d) acarrear
3. Al ver llegar a los policías, el bandido ........... a la huida.
   a) acudió b) adoleció c) acució d) agarró
4. En la ........... nos pidieron los pasaportes.
   a) afán b) afueras c) acreencia d) aduana
5. Iberia : líneas ........... de España.
   a) abastecidas b) abultadas c) acogidas d) aéreas

## 4. Complétez par la préposition voulue : a, de, en, por, con

1. ........... absoluto
2. abogar ...........
3. acercarse ...........
4. acogerse ........... uno
5. actuar ...........
6. hacerse el abogado ...........
7. ........... el acto
8. hacerse acreedor ...........
9. acudir ........... la huida
10. adolecer ...........

# 2e Semaine 51 – 100 : Agropecuario – Anunciar

## 1. Donnez une deuxième traduction des mots suivants

1. aguarse — a) être inondé
   b) ....................................................
2. agudizamiento — a) aggravation
   b) ....................................................
3. ahínco — a) acharnement
   b) ....................................................
4. ajetreado — a) mouvementé..................................
   b) ....................................................
5. albedrío — a) arbitre
   b) ....................................................

## 2. Choisissez la bonne réponse

1. Tuvo que ........... ese calvario durante tres meses.
   a) aguar b) aguardar c) aguantar d) ahorrar
2. ........... todo el año para poder marcharse de vacaciones.
   a) ahorró b) aguó c) alcanzó d) alardeó
3. Vive en una casa ........... del resto del mundo.
   a) ajetreada b) aislada c) ajusticiada d) ansiosa
4. Con la vida ........... que lleva, no puede cuidar de sus niños.
   a) aguda b) agropecuaria c) ajuste d) ajetreada
5. Tiene un sentido ........... de la orientación.
   a) antelación b) ansioso c) agudo d) alzado
6. El ........... trabaja en el ayuntamiento.
   a) alcalde b) alcance c) alambre d) ajuste

## 3. Soulignez le synonyme

| | |
|---|---|
| 1. aguar | estropear, agudizar, esperar, soportar |
| 2. aislado | ocupado, aliviado, alto, apartado |
| 3. allegado | familiar, ámbito, aleccionador, acumulado |
| 4. allanar | amenazar, igualar, proteger, gastar |
| 5. aniquilación | exterminación, antelación, ampliación, estudio |
| 6. andada | caminata, protección, amenaza, baja |

# 3e Semaine 101 - 150 : Añadidura – Atenazar

## 1. Traduisez

1. asunto ..........................................
2. arreglarse por las buenas ..............
3. armar dificultades ...........................
4. arancel ..........................................
5. aprobar una oposición ..................
6. l'avancement à l'ancienneté .........
7. aide économique ............................
8. une politique d'ouverture .............
9. être à son apogée ..........................
10. atascar ..........................................

## 2. Complétez par une préposition

1 .......... añadidura
2. aprovechar .......... estudios
3. estar .......... el arrastre
4. tomar .......... asalto
5. arrojarse .......... cabeza
6. año .......... año

## 3. Complétez les phrases avec un des mots suivants (les verbes devront être conjugués et les mots accordés) :

**aparcar, plazo, anuncio breve, aprobar, en áreas de, arreglar, arrojar, arrancar, asignar, arreglárselas**

1. Está buscando trabajo y cada día lee los .......... en el periódico.
2. En este barrio muy concurrido, resulta difícil .......... el coche.
3. El .......... vence a finales de mes.
4. He estudiado muchísimo con miras a .......... la oposición.
5. Muchos oficios antiguos están desapareciendo .......... del progreso.
6. Cuando hace demasiado frío, el coche tiene dificultades en ..........
7. El técnico no lleva las herramientas necesarias para .......... la máquina.
8. Tu hijo ya es bastante mayor para .......... sólo.
9. Un cartel indicaba que se prohibía .......... basura so pena de multa.
10. Fue a ver a su banquero para que le .......... un crédito.

# 4e Semaine 151 – 200 : Atentado – Buscar

## 1. Traduisez

1. tenailles ..........................................
2. s'embourber ..................................
3. conjuguer ses efforts ......................
4. au secours de ................................
5. banc d'essai ...................................
6. atesorar varias cualidades ..........
7. atrapar un empleo ........................
8. atrevido .......................................
9. en pleno auge ..............................
10. auto de prisión ............................

## 2. Soulignez le mot qui n'est pas synonyme

| | |
|---|---|
| 1. atesorar | reunir, conseguir, economizar, ahorrar |
| 2. ayudar | socorrer, respaldar, molestar, auxiliar |
| 3. bajón | ladrón, disminución, deterioro, agravación |
| 4. barajar | nombrar, superar, mezclar, citar |
| 5. blanco | obstáculo, objetivo, meta, víctima |

## 3. Choisissez la réponse exacte

1. Llegó tarde a casa porque se quedó metido durante dos horas en un ..........
   a) atolladero b) atasco c) auge d) aumento

2. El .......... se llevó todo el dinero que había en la caja.
   a) atracador b) auxilio c) banco d) barrio

3. El accidente se produjo a primeras horas de la mañana en la .......... Valencia-Barcelona.
   a) aura b) autopista c) ayuda d) autoría

4. En cuanto se pasa la frontera americana para entrar en México, la carretera se convierte en una serie de ..........
   a) baches b) balances c) becas d) bienes

5. Para los americanos resulta más .......... comprar sus camisetas de algodón en España que en su país.
   a) blando b) baldío c) barato d) baza

6. Los tres mejores alumnos recibirán una .......... para ir a estudiar a Inglaterra.
   a) bisagra b) beca c) barrera d) baza

7. No consiguió .......... el empleo por no hablar inglés.
   a) atreverse b) atenazar c) atrapar d) aventajar

# 5e Semaine 201 – 250 : Cábala – Cinta

## 1. Donnez un synonyme

1. burlar ..............................................
2. caballera ..............................................
3. caer ..............................................
4. capacitar ..............................................
5. capitán ..............................................
6. cartel ..............................................
7. busca ..............................................
8. cámara ..............................................
9. cara ..............................................
10. caso ..............................................

## 2. Traduisez

1. caudal ..............................................
2. cercenar ..............................................
3. cartera de pedidos ..............................
4. casco urbano ..................................
5. cara o cruz ..........................................
6. de campeonato ............................
7. prudent ..............................................
8. formation professionnelle ..........
9. appareil photo ............................
10. chaîne de montage ......................

## 3. Complétez les phrases avec un des mots suivants (les verbes devront être conjugués et les noms accordés) :

**caballero, calidad, caducar, caber, camello, burlarse, caja, cámara, cadena, campeón,**

1. Cuando era pequeño todos .......... de él porque siempre llevaba pantalones demasiado grandes para él.
2. Estos servicios son para ..........
3. El joven no .......... en sí desde que se había enterado de que había aprobado las oposiciones.
4. Trabaja en .......... en una fábrica de automóviles.
5. Mi pasaporte .......... a finales de mes.
6. El vendedor pone el dinero de los clientes en la ..........
7. Lo importante no es tanto la cantidad como la ..........
8. Las autoridades soviéticas le confiscaron su .......... al periodista alemán.
9. El .......... es el que vende la droga.
10. Después de cinco años de entrenamiento llegó a ser .......... de boxeo.

# 6ᵉ Semaine 251 – 300 : Círculos – Contaminación

## 1. Donnez le synonyme des mots suivants

1. círculos ..........................................
2. ciudad ..........................................
3. colmar la medida ..........................
4. comprometerse a ..........................
5. concienciación................................
6. concurrido......................................
7. codiciar ..........................................
8. cohecho ..........................................
9. competencia ..................................
10. coincidir en ..................................

## 2. Donnez le substantif correspondant aux infinitifs suivants

1. citar ..............................................
2. consumir ........................................
3. coartar ............................................
4. cohechar ........................................
5. colmar ............................................
6. comprobar ......................................
7. Componer........................................
8. condonar ........................................
9. conectar ..........................................
10. coaccionar ....................................

## 3. Donnez une deuxième traduction pour les mots suivant:

1. Cinta
   a) bande enregistrée
   b) ..........................................................
2. Ciudadanía
   a) citoyenneté
   b) ..........................................................
3. Cobrar
   a) toucher, gagner
   b) ..........................................................
4. Codicia
   a) soif
   b) ..........................................................
5. Colegio
   a) collège, école
   b) ..........................................................

## 4. Complétez les expressions par un des verbes suivants

**conocer, poner, formar, escribir, colmar, estar, dar, darse, dejar, quedar**

1. ................ cesante
2. ................ citado
3. ................ cita
4. ................ en clave
5. ................ la medida
6. ................ conforme
7. ................ un conjunto
8. ................ por conseguido
9. ................ en conocimiento de
10. ................ de

# 7e Semaine 301 – 350 : Contemplar – Dar en

## 1. Traduisez

1. maintien, conservation ....................
2. en resumidas cuentas ....................
3. llevar la corriente ............................
4. cortar por lo sano ............................
5. contrat à durée indéterminée .........
6. convenio colectivo ........................
7. a todo correr .................................
8. se marier .......................................
9. contre-indiqué ..............................
10. costear .........................................

## 2. Donnez le substantif correspondant aux infinitifs suivants ou vice versa

1. damnificado ...................................
2. dañar ..............................................
3. charlar ............................................
4. culminar..........................................
5. cortar ..............................................
6. contribuir .....................................
7. convenir .........................................
8. convocar ........................................
9. convivir ..........................................
10. contemplación ..............................

## 3. Soulignez le mot qui n'est pas synonyme des autres

1. contemplar, considerar, mirar, convocar
2. contumaz, obstinado, persistente, contraproducente
3. convenio, contrato, acuerdo, convocatoria
4. contundente, decisivo, categórico, contumaz
5. corriente, periodista, enviado, corresponsal
6. recogida, recolección, cosecha, corte
7. oportunidad, situación, coyuntura, consenso
8. cotización, precio, coste, consecución

## 4. Complétez par la préposition voulue

1. Dar la voz ........... (de, por, en, a) alarma.
2. Dar ........... (a, en, por, de) entender.
3. Dar ........... (por, de, a, en) conocer.
4. Dar ........... (con, de, por, en) lado.
5. Vender ........... (con, para, por, en) cuotas.
6. Cumplir ........... (con, en, por, de) sus compromisos.

# 8e Semaine 351 – 400 : Dar + nom – Descenso

## 1. Donnez un synonyme

1. datos ...............................................
2. década ...............................................
3. defraudar ...............................................
4. demora ...............................................
5. depauperación ...............................................
6. decaer ...............................................
7. desairar ...............................................
8. desaforado ...............................................
9. desbanderarse ...............................................
10. decidir ...............................................

## 2. Traduisez

1. donner du fil à retordre ..................
2. darse por enterado ..........................
3. le repos hebdomadaire ..................
4. un descuento del salario ................
5. affirmer bien haut ............................
6 derrotismo ......................................
7. descarrilamiento ............................
8. desamparo ......................................
9. no dejar de ......................................
10. debilitado ......................................

## 3. Trouvez la réponse exacte

1. Trabajaron ocho horas seguidas sin un momento de ...........
   a) descenso b) descuento c) descanso d) descalabro

2. Anoche la radio anunció que el General Stroessner había sido ...........
   a) damnificado b) decaído c) desaforado d) derrocado

3. Andrés Rodríguez ........... al dictador Stroessner.
   a) derribó b) dañó c) denunció d) demoró

4. Al firmar ese contrato ........... una trampa.
   a) di en b) me di c) di por d) di que

5. Se dieron ........... a las cinco de la tarde.
   a) enhorabuena b) oídos c) cita d) fe

6. Le da ........... contarnos su infancia cada día después de cenar.
   a) que b) por c) ø d) en

7. Está muy ........... por su enfermedad.
   a) defraudado b) defensivo c) debilitado d) derribado

8. Por mucho que insistas, no lograrás ...........
   a) dejarlo b) decidirlo c) dedicarlo d) descartarlo

# 9e Semaine 401 – 450 : Desconfiar – Diestro y siniestro

## 1. Donnez le synonyme des mots suivants

1. desconfiar de ..................................
2. desconvocar ..................................
3. desdicha ..........................................
4. descuido ..........................................
5. deseo ..............................................
6. destruir ..........................................
7. destrozar ......................................
8. desterrado ....................................
9. desquite ......................................
10. detener ........................................

## 2. Donnez un antonyme

1. dichoso ..........................................
2. desmantelamiento ..........................
3. deslucir ..........................................
4. desmentir ......................................
5. desdicha ......................................
6. desigualdad ................................
7. devaluación ..................................
8. desuso ..........................................

## 3. Donnez le substantif correspondant aux infinitifs suivants ou vice versa

1. desechar ........................................
2. detenido ........................................
3. desmentir ......................................
4. despido ........................................
5. desenlace ......................................
6. despegar ......................................

## 4. Complétez par la préposition voulue

1. Deshacerse ........... excusas
2. Meterse ........... detalles
3. Desconfiar ........... alguien
4. Tomar dictamen ........... alguien
5. Devolver bien ........... mal
6. Día ........... día
7. ........... día siguiente
8. Caer ........... desuso

# 10e Semaine 451 – 500 : Dificultar – Encajar

## 1. Donnez le synonyme des mots suivants

1. dificultar ..........................................
2. hacer dinero ....................................
3. doblar ..............................................
4. echar.................................................
5. echar de menos ...............................
6. diligencia ........................................
7. disconformidad ..............................
8. duplicar ..........................................
9. ejercer ............................................
10. ejército ..........................................

## 2. Traduisez

1. faire des démarches ........................
2. embarazo ........................................
3. papiers d'identité ............................
4. empatar ..........................................
5. étouffer (scandale)...........................
11. dispararse .......................................
12. en cas d'urgence ............................
13. echar al agua .................................
14. empero ...........................................
15. dígito .............................................

## 3. Trouvez la réponse exacte

1. Casi un tercio de las provincias peruanas se han convertido en zonas de .......... militar.
   a) dígito b) emergencia c) diligencia d) embalse

2. No quiso .......... las órdenes que le impartían.
   a) ejecutar b) disparar c) disfrutar d) empujar

3. El verano pasado González y Mitterrand celebraron un .......... en el coto de Doñana.
   a) ejército b) encuentro c) ejecutivo d) empujón

4. De una persona derrochadora se dice que tira el .......... por la ventana.
   a) dinero b) dígito c) diseño d) duro

5. Pasaron varios años sin .......... la palabra y ahora son los mejores amigos del mundo.
   a) dimitir b) dirigirse c) dispararse d) empeñarse

# 11e Semaine 501 – 550 : Encarar – Estadista

## 1. Donnez un synonyme des mots suivants

1. enfocar ..........................................
2. celebrar una entrevista ...................
3. dar la enhorabuena ........................
4. escasear .........................................
5. entregarse .......................................
6. escindirse .......................................
7. encargarse .......................................
8. engañoso .........................................
9. encarecer .........................................
10. enderezar .......................................

## 2. Traduisez

1. se retrouver le dos au mur .............
2. el enfoque de un asunto ................
3. avoir un entretien ............................
4. se laisser abuser ............................
5. être débiteur ..................................
6. entablar un proceso .......................
7. à grande échelle ............................
8. affrontement .................................

## 3. Complétez les phrases avec un des mots suivants :

**encontrarse, enemigo, encarecimiento, enterarse, enfrentamiento, escisión, encargarse, encuestados, enfermedad, esposas, enriquecerse, entrada, escasear**

1. La política es el peor .......... del olimpismo.
2. Su reacción fue muy violenta al .......... de que le habían estafado.
3. El Frente Amplio ha sufrido la .......... de la Democracia Cristiana y de Lista 99 que representaba la mitad de su caudal electoral.
4. Este año la gasolina ha sufrido un .......... del 2 %.
5. Nadie .......... de avisarnos del cambio de horarios.
6. Nadie ha tenido noticias suyas desde que se ha marchado y nadie tiene la menor idea de dónde puede ..........
7. Un 48 % de los .......... está a favor del restablecimiento de la pena de muerte.
8. Todavía no se ha encontrado ninguna vacuna contra la .......... del sida.
9. Los .......... entre las fuerzas del orden y los estudiantes chinos provocaron varios muertos.
10. Muchos mexicanos van a EE. UU con la esperanza de ..........
11. Tengo que .......... del horario de los trenes para Málaga.
12. He sacado tres .......... para el concierto de Pavarotti.
13. Rezábamos para que los socorros llegasen pronto porque los víveres .........
14. Se escapó de la Sala de Audiencia con las .......... puestas.

# 12[e] Semaine 551 – 600 : Estadística – Fomentar

## 1. Donnez un synonyme des mots suivants

1. estancar ............................................
2. fe ....................................................
3. estropearse ....................................
4. estadista ........................................
5. florecer ............................................
6. evidenciar ......................................
7. festejo ..........................................
8. factible ..........................................
9. férreo ............................................
10. flujo ..............................................
11. falta ..............................................
12. fallecer ........................................

## 2. Donnez une deuxième traduction des mots suivants

1. Facilitar
   a) donner
   b) ..........................................................
2. Estrechar
   a) serrer
   b) ..........................................................
3. Faltar
   a) manquer
   b) ..........................................................
4. Fallo
   a) défaillance
   b) ..........................................................
5. Fe
   a) confiance
   b) ..........................................................

## 3. Complétez par la préposition voulue

1. de, por, en, al — estar ........... caer
2. a, en, por, de — estar ........... apuros
3. en, a, de, por — estar ........... la cabeza
4. de, en, por, a — caer ........... falta
5. en, a, con, de — ........... estreno
6. de, por, a, en — coger ........... falta

## 4. Complétez par le verbe voulu

**caer, estar, estrechar, tener, emitir, echar, dar**

1. ........... en apuros
2. ........... por las nubes
3. ........... en falta
4. ........... fe de
5. hacer ........... en falta a alguien
6. ........... éxito
7. ........... un fallo
8. ........... lazos
9. ........... claro que
10. ........... sobre aviso

# 13e Semaine 601 – 650 : Foráneo – Hazaña

## 1. Traduisez

1. Ministerio de Fomento ...................
2. je ne voudrais pas être à sa place ..
3. parler à la cantonnade ....................
4. forcejeo ..........................................
5. de buena fuente ..............................
6. trouvaille ..........................................
7. fiasco ..............................................
8. una gira .........................................
9. cabeza de ganado ........................
10. enregistrement ............................
11. galardón ........................................
12. un golpista ...................................

## 2. Entourez le mot qui n'est pas synonyme

1. fomentar.......................................... impulsar, promover, fracasar
2. forcejeo .......................................... lucha, descalabro, esfuerzo
3. galardón.......................................... premio, beneficio, recompensa
4. ganar .............................................. vencer, adquirir, grabar
5. generar............................................ fomentar, engendrar, provocar
6. género ............................................ mercancía, producto, fuente

## 3. Trouvez la réponse exacte

1. Las informaciones proceden de ........... diversas.
   a) focos b) forcejeos c) fuentes d) foros

2. El nuevo musical de Lloyd Webber pertenece al ........... de la ópera.
   a) género b) flujo c) hábito d) gordo

3. El ........... romano atrae cada año a muchos turistas.
   a) foro b) foco c) fracaso d) gafe

4. En España muchas industrias dependen del capital ...........
   a) fomento b) fruto c) forcejeo d) foráneo

5. Le he repetido varias veces que actuando así iba a un ........... pero no quiere hacerme caso.
   a) fraude b) fortalecimiento c) fracaso d) foco

6. El gobierno español quiere luchar contra el ........... fiscal.
   a) fuente b) fraude c) gafe d) flujo

# 14e Semaine 651 – 700 : Heredero – Ingreso

## 1. Traduisez

1. una huella dactilar ............................
2. instruments ........................................
3. rendre hommage ............................
4. hueste ................................................
5. vol ......................................................
6. horas extraordinarias ......................
7. fuite en avant ..................................
8. marcar un hito ................................
9. taxe de luxe ....................................
10. horca ..............................................
11. incremento ....................................
12. hormigón ........................................

## 2. Donnez un synonyme

1. indulto ..............................................
2. índole ................................................
3. el informativo ..................................
4. incremento ........................................
5. imperar ..............................................
6. ingente ..............................................
7. incautar ............................................
8. incidir ................................................
9. inconveniencia ..............................
10. idear ................................................

## 3. Donnez le substantif correspondant aux infinitifs ou vice versa

1. heredar ..............................................
2. homenajear ......................................
3. incrementar ......................................
4. huir ....................................................
5. hormiguera ......................................
6. hundirse ............................................

## 4. Complétez par la préposition voulue

| | |
|---|---|
| 1. Petición ........... indulto | de, en, a, por |
| 2. ........... toda índole | por, con, en, de |
| 3. Incorporarse ........... las filas | en, a, de, con |
| 4. Una idea ........... uso | al, de, en, con |
| 5. ........... pie de igualdad | a, en, sobre, de |
| 6. El impuesto ........... la renta | de, por, sobre, para |

# 15e Semaine 701 – 750 : Insalvable – Machacar

## 1. Traduisez

1. jefatura del estado ............................
2. s'intéresser à ....................................
3. hacer las cuentas de la lechera........
4. faire des recherches .........................
5. seringue ...........................................
6. llamamiento .................................
7. par ordre hiérarchique ..................
8. comité d'entreprise .......................
9. lacra ...............................................
10. un asunto intrincado .....................

## 2. Rayez le mot qui ne convient pas

1. director, patrón, jaque, jefe
2. lacra, reunión, asamblea, junta
3. olvido, lema, laguna, omisión
4. enredado, intrincado, complicado, invertido
5. entretenerse, juzgar, jugar, divertirse

## 3. Donnez l'antonyme des mots suivants

1. jaque ................................................
2. leal ....................................................
3. listo ..................................................
4. logro ................................................
5. lealdad ............................................
6. intrincado ........................................

## 4. Complétez par la préposition voulue

| | |
|---|---|
| 1. Vayamos ......... grano | de, a, al, con |
| 2. Dar jaque ......... | a, de, por, en |
| 3. A juzgar ......... | después, de, por, con |
| 4. ......... interés | en, a, de, con |
| 5. ......... orden jerárquico | por, al, de, en |

# 16e Semaine 751 – 800 : Madre – Muerte

## 1. Donnez une deuxième traduction pour les mots suivants

1. maraña — a) enchevêtrement
   b) ..........................................................
2. mandar — a) commander
   b) ..........................................................
3. manifestar — a) manifester
   b) ..........................................................
4. mantener — a) maintenir, entretenir
   b) ..........................................................
5. marca — a) marque
   b) ..........................................................
6. marcar — a) marquer
   b) ..........................................................

## 2. Rayez le mot qui n'est pas synonyme des autres

1. magnitud, tamaño, importancia, maletín
2. enviar, expedir, mandar, mantener
3. mandamiento, mandatario, jefe de estado, presidente
4. marejada, margen, borde, espacio
5. consorcio, marco, maridaje, unión
6. masacre, matanza, maraña, eliminación

## 3. Complétez par une préposition

1. Mantenerse ......... su trabajo
2. Mantenerse ......... su puesto
3. Entrar ......... máquina
4. ......... marca mayor
5. ......... margen de
6. ......... escaso margen
7. ......... mogollón
8. Matar dos pájaros ......... un tiro

# 17e Semaine 801 – 850 : Muestra – País

## 1. Donnez le synonyme des mots suivants

1. nexo ..............................................
2. ¡ ojo ! ..............................................
3. multa ..............................................
4. número ..............................................
5. nombrar ..............................................
6. obrar ..............................................
7. necesitar ..............................................
8. ocasionar ..............................................
9. negar ..............................................
10. optar por ..............................................

## 2. Traduisez

1. des propos décousus ......................
2. prêtre ..............................................
3. profiter de l'occasion ......................
4. como botón de muestra..................
5. la nitidez ..............................................
6. otorgar ..............................................
7. dresser une contravention ...........
8. pasar como una nube de verano
9. l'aménagement du territoire ........
10. obsequio ..............................................
11. souffrance ..............................................
12. un chargé d'affaires ......................

## 3. Choisissez la bonne réponse

1. La Alhambra es una de las más bellas ......... del arte musulmán en España.
   a) multas b) muestras c) navieras d) nubes

2. Le pusieron una ......... por estar mal .........
   a) muestra/apartado b) ola/apelado c) multa/aparcado d) obra/aplazado

3 Para ir a Cuba ya no se ......... visado.
   a) niega b) negocia c) necesita d) nombra

4. El gimnasio estará ......... durante las vacaciones por .........
   a) cerrado/obras b) nexos/cauto c) obispo/conforme d) ocio/cohecho

5. Para las fiestas de París de 1989, el presidente francés había invitado el .........
   a) no va mejor b) no va mal c) no va más d) no va menos

6. El acusado siempre ......... el crimen.
   a) negó b) niveló c) obedeció d) ocasionó

7. Con la sequía el ......... del agua de las presas va bajando cada día.
   a) nivel b) nube c) nombramiento d) notición

8. La ......... ......... un gran revuelo.
   a) norma/arrastró b) pantalla/apuntó c) noticia/armó d) ociosidad/cobró

## 18[e] Semaine 851 – 900 : Palabra – Pingüe

### 1. Donnez le synonyme des mots suivants

1. perjuicios ........................................
2. partida ........................................
3. peleador ........................................
4. pasar ........................................
5. perdurable ........................................
6. pervivencia ........................................
7. cobrar la pensión ........................................
8. parte ........................................
9. perito ........................................
10. percance ........................................

### 2. Traduisez

1. paños calientes ........................................
2. expert ........................................
3. chômage ........................................
4. dar un patinazo ........................................
5. participar de ........................................
6. le petit écran ........................................
7. no hay más que pedir ........................................
8. pegar un parche a uno ........................................
9. participer à ........................................
10. pararle a uno los pies ........................................

### 3. Remplissez les blancs en utilisant le verbe adéquat

1. ............ un papel
2. ............ partido
3. ............ la palabra
4. ............ a la palestra
5. ............ a la pantalla
6. ............ a ser
7. ............ de la raya
8. ............ un patinazo
9. ............ un pedido
10. ............ peras al olmo

### 4. Complétez par la préposition voulue

1. de, a, con, por — Cambiar ............ piel.
2. al, a, de, por — ............ pedir de boca.
3. a, al, con, de — Palabra ............ doble sentido.
4. con, a, de, en — Pasar ............ las manos.
5. a, en, de, con — Pasar ............ castaño.
6. de, en, a, por — Salir ............ la palestra.

# 19$^{e}$ Semaine 901 – 950 : Pirámide – Preso

## 1. Donnez le synonyme des mots suivants

1. presenciar ........................................
2. presa ................................................
3. postergación ....................................
4. postura ............................................
5. planear ............................................
6. población ........................................
7. poder ..............................................
8. plantear ..........................................
9. precio .............................................
10. pormenorizar ................................

## 2. Traduisez

1. planta baja ........................................
2. mettre par écrit ................................
3. dar poderes .....................................
4. póliza ...............................................
5. poner buena cara.............................
6. mettre en vedette ..........................
7. porte-parole du gouvernement ....
8. faire partie des effectifs ...............
9. torre de perforación ......................
10. vendre en gros .............................

## 3. Complétez les phrases avec un des mots suivants (les verbes devront être conjugués et les mots accordés) :

**planta, plazo, precio, plan, población, podio, postura, prensa, plaga, portada, postrero, potente**

1. Todavía no hemos hecho ........... para las vacaciones de verano.
2. Vive en la ........... baja de un edificio de 6 pisos.
3. Se ha comprado un coche a ...........
4. El paro afecta al 22 % de la ........... activa en España.
5. En el Perú las ........... se han acumulado : la deuda externa, el narcotráfico, etc.
6. El que termina en cuarta posición no sube al ...........
7. En la ........... de la revista, había la foto de Miss España.
8. Este año le ha ido muy mal : terminó ........... de la clase.
9. Se encuentra en una ........... muy delicada.
10. El contrario de débil es ...........
11. Los ........... de esta tienda son los más baratos de la ciudad.
12. En los países de dictadura no hay libertad de ...........

# 20^e^ Semaine 951 – 1000 : Préstamo – Quemar

## 1. Donnez une deuxième traduction des mots suivants

1. prestar
a) prêter
b) ..........................................................

2. presupuesto
a) budget
b) ..........................................................

3. procedencia
a) provenance
b) ..........................................................

4. proceso
a) procès
b) ..........................................................

5. promover
a) promouvoir
b) ..........................................................

## 2. Donnez l'adjectif correspondant aux mots suivants

1. préstamo ..........................................
2. presuntamente ...............................
3. presupuesto ....................................
4. principio ..........................................
5. procedencia ...................................
6. producción .....................................
7. prohibir ..........................................
8. proteccionismo .............................

## 3. Complétez par la préposition voulue

1. Quedaron ........... reunirse al día siguiente. — por, a, con, en
2. Esta vez no se quedará ........... la última palabra. — a, en, con, de
3. Quedaron ........... las tres y cuarto. — por, para, a, en
4. Se quedó ........... vida. — en, con, a, por
5. Una última puesta ........... punto. — al, a, en, de

## 4. Soulignez le mot qui ne convient pas

1. cautivo, prisionero, avanzado, preso.
2. presuntivo, presunto, préstamo, supuesto.
3. novato, aprendiz, principiante, previo.
4. comenzar, prestar, iniciar, principiar.
5. prontitud, prisa, procedencia, premura.

# 21ᵉ Semaine 1001 – 1050 : Querencia – Reintegrar

## 1. Traduisez

1. el rastro ..........................................
2. relancer l'économie ........................
3. alourdir les impôts ..........................
4. quinielista .......................................
5. dépouiller le scrutin ........................
6. faire une remise .............................
7. la radicación .................................
8. une coupure de presse ................
9. ratero ...............................................
10. refrendación ................................
11. attachement à un lieu ..................
12. cobrar el reintegro .......................

## 2. Donnez le nom correspondant aux verbes suivants ou vice versa

1. rey ..................................................
2. recurrir a .........................................
3. reclutar ...........................................
4. reflejar ............................................
5. reembolsar .......................................
6. regatear ...........................................
7. recorte ...........................................
8. recrudecer ...................................
9. reactivar .......................................
10. recalcar ........................................
11. refinar ...........................................
12. refrendar .......................................

## 3. Choisissez la bonne réponse

1. La democracia peruana ha acabado .......... del narcotráfico.
   a) recorte b) rehén c) regatón d) recuento
2. El negocio tuvo que cerrar por ..........
   a) quiebra b) queda c) querencia d) quimera
3. Muchos huéspedes se .......... de la comida de la pensión.
   a) quedaban b) querían c) quitaban d) quejaban
4. En la primera .......... de cada mes está prohibido aparcar de este lado de la calle.
   a) quincena b) quimera c) quinielas d) queda
5. Si me tocan las .......... me compraré un piso en Madrid.
   a) rebajas b) quinielas c) quinielistas d) recortes
6. Para su cumpleaños le regaló un .......... de rosas.
   a) rastro b) ramo c) ratero d) recargo

# 22e Semaine 1051 – 1100 : Reivindicación – Rotundo

## 1. Traduisez

1. dar un repaso ....................................
2. reposición de existencias................
3. une lueur d'espoir ............................
4. ir rezagado .......................................
5. livraison à domicile .........................
6. absolver a un reo ..........................
7. reboisement ...................................
8. rescatar al olvido ..........................
9. ribambelle .......................................
10. aflojar la rienda ............................

## 2. Donnez l'antonyme des mots suivants

1. reo ....................................................
2. repleto ..............................................
3. respaldar ..........................................
4 restar ................................................
5. retirada .............................................
6. retroceso ..........................................
7. revés .................................................
8. revuelo .............................................

## 3. Complétez les phrases avec l'un des verbes suivants :

**dar, restar, exigir, leer, echar, tomar, armar, llevar, revisar, tocar, rescatar, romper**

1. ........... entre renglones.
2. ........... un repaso.
3. ........... un cautivo.
4. ........... importancia.
5. ........... rescate.
6. ........... al alza.
7. ........... la retirada.
8 ........... retos.
9. ........... de revés.
10. ........... revuelo.
11. ........... las riendas.
12. ........... un récord.

## 4. Complétez par la préposition voulue

| | |
|---|---|
| 1. ........... Resolución. | a, de, en, por |
| 2. rodar ........... el mundo. | por, para, en, sobre |
| 3. romper ........... | al, a, en, de |
| 4. un resquicio ........... esperanza. | por, en, con, de |
| 5. ........... rienda suelta. | en, con, por, a |

# 23e Semaine 1101 – 1150 : Rotura – Solventar

## 1. Donnez le synonyme des mots suivants

1. sobrepasar ........................................
2. solar ................................................
3. seguir ..............................................
4. rumbo ..............................................
5. sencillo ............................................
6. solventar ........................................
7. sinfín ...............................................
8. sin embargo ...................................
9. siniestro .........................................
10. sonado ...........................................

## 2. Traduisez

1. sequía ...............................................
2. satisfacer sus necesidades .............
3. conférence de presse ......................
4. siniestralidad laboral .......................
5. salida nula .........................................
6. perder el rumbo ............................
7. siège (de société) ...........................
8. sacar provecho ...............................
9. sobre seguro ...................................
10. en grande pompe .........................

## 3. Complétez par la préposition voulue

1. sacar ........... luz.
2. ........... salida.
3. sacar ........... suerte.
4. rumbo ...........
5. tener salida ........... todo.
6. sacar ........... apuro.
7. seguro ........... todo riesgo.
8. calle ........... salida.
9. ........... rumbo fijo.
10. ........... seguro.

## 4. Complétez par les verbes suivants :

**hacerse, sacar, saldar, dar, tener, satisfacer, encontrar, dirigir, ganarse**

1. .......................................una cuenta
2. ............................................ la salida
3. ...................................... la mayoría
4. ................................................ salida
5. ................................................ a luz
6. .................................... una solicitud
7. .......................................la demanda
8. ................................... buen rumbo
9. ............................................ cuartos
10. ................. seguridad en sí mismo
11. .............................................. socio
12. .................................... el sustento

# 24e Semaine 1151 – 1200 : Sonado – Tejido

## 1. Donnez le substantif correspondant aux verbes suivants

1. teclear ..........................................
2. sustentar ..........................................
3. supervalorar ..........................................
4. sugerir ..........................................
5. surtir ..........................................
6. superar ..........................................
7. supervivir ..........................................
8. soportar ..........................................
9. sortear ..........................................
10. sosegar ..........................................

## 2. Complétez avec la préposition voulue

| | |
|---|---|
| 1. mirar ........... soslayo. | de, con, al, ø |
| 2. ........... supuesto. | con, en, de, por |
| 3. ........... tasa. | con, por, de, sin |
| 4. ceder ........... subcontrato. | a, con, en, de |
| 5. ........... el tablero político. | con, de, al, en |
| 6. quedar ........... tablas. | a, en, de, sobre |

## 3. Retrouvez le mot qui manque

1. En el Perú, "el Plan Cero" no ha .................. muchos efectos.
   a) soslayado b) subrayado c) subastado d) surtido
2. El último cuadro del pintor fue comprado durante una .................. por un Japonés.
   a) sorteo b) subasta c) sugerencia d) suplente
3. ........................ para saber quién empezaría primero.
   a) sosegaron b) taparon c) sortearon d) tacharon
4. Muchos piensan que los países industrializados no hacen nada para ayudar a los países ..................
   a) subcontratados b) subrayados c) subdesarrollados d) sugeridos
5. El accidente .................. a la salida de una discoteca.
   a) sucedió b) sufragó c) sumó d) suministró
6. Su .................. no le permite mantener a su familia.
   a) sorteo b) surtido c) sueldo d) suma
7. El total de los gastos de reparación para los dos últimos años .................. 125000 pesetas.
   a) sustrae b) suma c) sustenta d) sustituye
8. Ahora muchas tiendas disponen de un servicio de .................. a domicilio.
   a) sumergido b) sueldo c) sorteo d) suministro

# 25e Semaine 1201 – 1250 : Teleproceso – Trigo

## 1. Donnez le synonyme des mots suivants

1. templar ............................................
2. tomar ..............................................
3. cargar las tintas ..............................
4. trabas ..............................................
5. transéunte ........................................
6. titubeo ..........................................
7. tópico ............................................
8. temporal ......................................
9. trabajo ...........................................
10. tipo ..............................................

## 2. Traduisez

1. la trayectoria de un periódico .........
2. prix maximum .................................
3. de buena tinta ................................
4. trêve ................................................
5. tener en ascuas ..............................
6. trastornar .....................................
7. prendre du bon côté ......................
8. darse el trabajo de ........................
9. traspaso .........................................
10. de passage ...................................

## 3. Complétez par les verbes suivants :

**tener, dar, sudar, tirar, templar, ir, tomar, estar, poner**

1. ........... para sí.
2. ........... por adelante.
3. ........... hasta los topes.
4. ........... prestado.
5. ........... trabas.
6. ........... a bien.
7. ........... tierra.
8. ........... a menos.
9. ........... tinta.
10. ........... tirando.
11. ........... las gaitas.
12. ........... testimonio.

## 4. Choisissez la bonne réponse

1. Lo que separaba el Este del Oeste era el ........... de acero.
   a) tópico b) transplante c) telón d) toque
2. Puedo asegurártelo porque lo sé de buena ...........
   a) tendencia b) tinta c) tesis d) toma
3. El Ministro deTrabajo convocó los sindicatos para templar las ...........
   a) gaitas b) trayectorias c) temporales d) tesis
4. Tuvo que hacer ........... para conseguir su visado para Cuba.
   a) tiroteos b) treguas c) topes d) trámites
5. Cuando un hombre político ya no tiene funciones importantes se dice que vive la ........... del desierto.
   a) trayectoria b) travesía c) transfuga d) temporada

# 26e Semaine 1251 – 1300 : Tripulación – Zona

## 1. Traduisez

1. umbral ..............................................
2. tripulación ........................................
3. vacilar ...............................................
4. ufano .................................................
5. vaticinio ............................................
6. blâme ................................................
7. tumbar ..............................................
8. urbanidad .........................................
9. gisement ...........................................
10. ultramar ..........................................
11. verdict ..............................................
12. vaivén ..............................................

## 2. Complétez par une préposition ou par un article contracté

1. veredicto ........... inculpabilidad ......
2. tener uso ........... razón
3. vacilar ...........
4. vuelco ........... la tendencia
5. poner ........... votación
6. elección ........... segunda vuelta
7. zona ........... urbanizar
8. impuesto ........... utilidades
9. ........... zancadas
10. voto ........... censura

## 3. Donnez un synonyme des mots suivants

1. urbe ...................................................
2. vecindario .........................................
3. vanagloriarse ...................................
4. velocidad ..........................................
5. vitalicio .............................................
6. ufano ................................................
7. vencer ..............................................
8. vuelta ...............................................
9. umbral ..............................................
10. variopinto .......................................

## 4. Donnez l'adjectif correspondant aux verbes ou aux noms suivants

1. UGT ...................................................
2. vacilación .........................................
3. urbe ..................................................
4. vecindario .........................................
5. velocidad ..........................................
6. ufanarse ...........................................
7. ventaja .............................................
8. veranear ...........................................

# RÉVISION GÉNÉRALE : SEMAINES 1 – 26

**1. Les mots suivants se ressemblent ; ne les confondez pas et traduisez :**

| | |
|---|---|
| 1. acordar ........................................ | acortar ........................................ |
| 2. aguantar ........................................ | aguardar ........................................ |
| 3. aérea ........................................ | área ........................................ |
| 4. banco ........................................ | banca ........................................ |
| 5. blanco ........................................ | blando ........................................ |
| 6. caja ........................................ | cara ........................................ |
| 7. cuenta ........................................ | cuota ........................................ |
| 8. derrocar ........................................ | derrotar ........................................ |
| 9. descanso ........................................ | descenso ........................................ |
| 10. despegue ........................................ | despliegue ........................................ |
| 11. foco ........................................ | foro ........................................ |
| 12. hijo ........................................ | hito ........................................ |
| 13. jugar ........................................ | juzgar ........................................ |
| 14. maná ........................................ | mano ........................................ |
| 15. marca ........................................ | marco ........................................ |
| 16. póliza ........................................ | policía ........................................ |
| 17. presa ........................................ | prensa ........................................ |
| 18. puesta ........................................ | puesto ........................................ |
| 19. punto ........................................ | punta ........................................ |
| 20. reina ........................................ | reino ........................................ |

## 2. FAUX AMIS : traduisez le mot espagnol en français et le mot français en espagnol

| | |
|---|---|
| 1. alineación .................................... | aliénation .................................... |
| 2. apelar .................................... | appeler .................................... |
| 3. apuntar .................................... | appointer .................................... |
| 4. carecer de .................................... | caresser .................................... |
| 5. cartel .................................... | cartel .................................... |
| 6. contumaz .................................... | contumace .................................... |
| 7. éxito .................................... | excitation .................................... |
| 8. expediente .................................... | expédient .................................... |
| 9. fruto .................................... | fruit (pr.) .................................... |
| 10. inconveniencia .................................... | inconvénient .................................... |
| 11. insalvable .................................... | insolvable .................................... |
| 12. jornalero .................................... | journal .................................... |
| 13. luto .................................... | lutte .................................... |
| 14. máxime .................................... | maxime .................................... |
| 15. palabra .................................... | palabres .................................... |

## 3. Reconstituez ces extraits du message prononcé par Juan Carlos le 23.11.1975 lors de sa prestation de serment.

Hoy comienza una nueva etapa de la Historia de España. Se inicia en la paz, el trabajo y la prosperidad, (fruit) ............. del esfuerzo común y de la decidida voluntad colectiva. La Monarquía será (fidèle, loyale) ............. guardián de esa (héritage) ............. y procurará en todo momento (maintenir) ............. la más estrecha relación con el pueblo. El (roi) ............. es el primer español obligado a (accomplir son devoir) ............. y con estos propósitos. (Je demande) ............. a Dios su (aide) ............. para acertar siempre en las difíciles decisiones que, sin (doute) ..............., el destino alzará ante nosotros. (Je désire) ............. ser capaz de (agir) ............. como moderador. Que nadie tema que su causa sea olvidada : que nadie espere (un avantage) ............. o un privilegio. Guardaré y haré guardar las (lois) ............. (Un ordre) ............., igual para todos, permite reconocer dentro de la unidad del (royaume) ............. y del Estado las peculiaridades regionales. Al servicio de esa gran comunidad que es España, debemos de estar : la Corona, los (armées) ............. de la nación, los Organismos del Estado, el mundo del (travail) ............., los (chefs d'entreprises) ............., los profesionales, las instituciones privadas y todos los (citoyens) ............., constituyendo su (ensemble) ............. un firme entramado de deberes y derechos. Como primer soldado de la Nación me dedicaré con (acharnement) ............. a que las Fuerzas Armadas de España, ejemplo de patriotismo y disciplina, tengan la eficacia y la (puissance) ............. que requiere nuestro pueblo. El mundo del pensamiento, de las Ciencias y de las Letras, de las Artes y de la Técnica tienen hoy, como siempre una gran responsabilidad de (engagement) ............. con la sociedad. Esta sociedad en (développement, évolution) ............. que (cherche) ............. nuevas soluciones, está más necesitada que nunca de orientación. En tarea tan alta, mi (appui, soutien) ............. y estímulo no han de (manquer) ............. Una sociedad libre y moderna requiere la participación de todos en los (forums, lieux) ............. de decisión, en los (milieux) ............. de información, en los diversos (niveaux) ............. educativos y en el control de la riqueza nacional. Hacer cada día más cierta y eficaz esa participación debe ser una (entreprise) ............. comunitaria y una (tâche) ............. de (gouvernement) .............

# CORRIGÉS DES EXERCICES

Les synonymes, les substantifs et les traductions des mots étant présentés par ordre alphabétique au sein de la première partie, il ne nous a pas paru utile de les reproduire ici ; vous les retrouverez aisément dans cet ouvrage. Nous ne donnons donc que les réponses des exercices qui ne se retrouvent pas systématiquement dans le vocabulaire.

## 1re semaine

**3. Q.C.M**

1. c 2. c 3. a 4.d 5. d

**4. Les prépositions**

1. en 2. por 3. a 4. a 5. de 6. de 7. en 8.a 9.a 10. de

## 2e semaine

**2. Q.C.M**

1. c 2. a 3. b 4. d 5. c 6. a

**3. Le mot synonyme**

1. estropear 2. apartado 3. familiar 4. igualar 5. exterminación 6. caminata

## 3e semaine

**2. Les prépositions**

1. por 2. en 3. para 4. por 5. de 6. tras

**3. Complétez les phrases**

1. anuncios 2. aparcar 3. plazo 4. aprobar 5. en áreas de 6. arrancar 7. arreglar 8. arreglárselas 9. arrojar 10. asignara

## 4e semaine

**2. Le mot non synonyme**

1. conseguir 2. molestar 3. ladrón 4. superar 5. obstáculo.

**3. Q.C.M**

1. b 2. a 3. b 4. a 5. c 6. b 7. c

## 5e semaine

**3. Phrases à compléter**

1. se burlaban 2. caballeros 3. cabía 4. cadena 5. caduca 6. caja 7. calidad 8. cámara 9. camello 10. campeón

## 6e semaine

**4. Verbes**

1. dejar 2. quedar 3. darse 4. escribir 5. colmar 6. estar 7. formar 8. dar 9. poner 10. dejar

## 7e semaine

**3. Le mot qui n'est pas synonyme**

1. convocar 2. controproducente 3. convocatoria 4. contumaz 5. corriente 6. corte 7. consenso 8. consecución.

**4. Les prépositions**

1. de 2. a 3. a 4. de 5.por 6. con

## 8e semaine

**3. Q.C.M**

1. d 2. d 3. a 4. a 5. c 6. b 7. c 8. b

## 9e semaine

**4. Les prépositions**

1. en 2. en 3. de 4. de 5. por 6. por 7. al 8. en

## 10e semaine

**3. Q. C. M**

1.b 2. a 3. b 4. a 5. b

## 11e semaine

**3. Complétez les phrases**

1. enemigo 2. enterarse 3. escisión 4. encarecimiento 5. se encargó 6. encontrarse 7. encuestados 8. enfermedad 9. enfrentamientos 10. enriquecerse 11. enterarme 12. entradas 13. escaseaban 14. esposas.

## 12e semaine

**3. Les prépositions**

1. al 2. en 3. a 4. en 5. de 6. en

**4. Les verbes**

1. estar 2. estar 3. caer 4. dar 5. caer 6. tener 7. emitir 8. estrechar 9. estar 10. estar

## 13e semaine

**2. Le mot non synonyme**

1. fracasar 2. descalabro 3. beneficio 4. grabar 5. fomentar 6. fuente

**3. Q. C. M**

1.c 2. a 3. a 4. d 5. c 6. b

## 14e semaine

**4. Les prépositions**
1. de 2. de 3. a 4. al 5. en 6. sobre

## 15e semaine

**2. Les mots qui ne conviennent pas**
1. jaque 2. lacra 3. lema 4. invertido 5. juzgar.

**4. Les prépositions**
1. al 2. a 3. por 4. de 5. en

## 16e semaine

**2. Le mot qui n'est pas synonyme**
1. maletín 2. mantener 3. mandamiento 4. marejada 5. marco 6. maraña.

**3. Les prépositions**
1. con 2. en 3. en 4. de 5. al 6. de 7. de 8. de

## 17e semaine

**3. Q.C.M**
1.b 2. c 3. c 4. a 5. c 6. a 7. a 8. c

## 18e semaine

**3. Les verbes**
1. desempeñar 2. sacar 3. pedir, dirigir 4. saltar 5. llevar 6. pasar 7. pasar 8. dar 9. hacer 10. pedir

**4. Les prépositions**
1. de 2. a 3. de 4. a 5. de 6. a.

## 19e semaine

**3. Complétez les phrases**
1. planes 2. planta 3. plazos 4. población 5. plagas 6. podio 7. portada 8. postrero 9. postura 10. potente 11. precios 12. prensa.

## 20e semaine

**3. Les prépositions**
1. en 2. con 3. para 4. con 5. a

**4. Les mots qui ne conviennent pas**
1. avanzado 2. préstamo 3. previo 4. prestar 5. procedencia

## 21e semaine

**3. Q.C.M**
1.b 2. a 3. d 4. a 5. b 6. b

## 22^e semaine

**3. Les verbes**
1. leer 2. dar 3. rescatar 4. restar 5. exigir 6. revisra 7. tocar 8. echar 9. tomar 10. armar 11. llevar 12. romper

**4. Les prépositions**
1. en 2. por 3. a 4. de 5. a

## 23^e semaine

**3. Les prépositions**
1. a 2. de 3. a (por) 4. a 5. para 6. de 7. de 8. sin 9. sin 10. sobre

**4. Les verbes**
1. saldar 2. dar 3. sacar 4. encontrar 5. sacar 6. dirigir 7. satisfacer 8. tomar 9. sacar 10. tener 11. tener 12. ganarse

## 24^e semaine

**3. Les prépositions**
1.de 2. por 3.sin 4. en 5. en 6. en

**4. Q.C.M**
1. d 2. b 3. c 4. c 5. a 6. c 7. b 8. d

## 25^e semaine

**3. Les verbes**
1. tener 2. tirar 3. estar 4. tomar 5. poner 6. tener 7. tomar 8. tener 9. sudar 10. ir 11. templar 12. dar

**4. Q.C.M**
1.c 2. b 3. a 4. d 5. b

## 26^e semaine

**2. Les prépositions et les articles**
1. de 2. de 3. en 4. en 5. a 6. con 7. sin 8. de 9. a 10. de

## Révision générale

**3. Le discours du Roi. Réponses par paragraphes :**

fruto/fiel o leal/herencia/mantener
rey/cumplir con su deber
pido/ayuda/duda/deseo/actuar/ventaja/leyes
un orden/reino
ejércitos/trabajo/empresarios/ciudadanos/conjunto
ahínco/potencia
compromiso/desarrollo/busca/apoyo/fallar
foros/medios/niveles/empresa/Gobierno

Imprimerie. IFC - 18390 Saint-Germain-du-Puy
Dépôt légal Juillet 1999 N° d'imprimeur 99/518